Suhrkamp BasisBiographie 34 **Mohammed**

Leben Werk Wirkung

Marco Schöller, geboren 1968, Privatdozent am Orientalischen Seminar der Universität zu Köln, studierte Islamwissenschaft, Philosophie und Politologie an den Universitäten Aleppo, Erlangen und St. Andrews. Die Habilitation für Islamwissenschaft erfolgte 2004. Er veröffentlichte mehrere Monographien, darunter *Exegetisches Denken und Prophetenbiographie* (Wiesbaden 1998) und *Methode und Wahrheit in der Islamwissenschaft* (Wiesbaden 2000). 2007 erschien seine Übersetzung des *Buches der Vierzig Hadithe* von al-Nawawî im Verlag der Weltreligionen.

Mohammed

Suhrkamp BasisBiographie
von Marco Schöller

Suhrkamp BasisBiographie 34 Erste Auflage 2008 Originalausgabe

Satz: Hümmer GmbH, Waldbüttelbrunn
Druck: Kösel, Krugzell
Printed in Germany
Umschlag: Hermann Michels und Regina Göllner
ISBN 3-518-18234-5
Die Schreibweise entspricht den Regeln der neuen Rechtschreibung. Zitate wurden in ihrer ursprünglichen Schreibweise belassen.

1 2 3 4 5 6 – 13 12 11 10 09 08

Inhalt

Anhang

Der umstrittene Prophet

Seit über 1400 Jahren gelingt es der westlichen Welt nicht, mit dem Propheten des Islams ins Reine zu kommen. Im Mittelalter beschimpfte man ihn als Häretiker und Lügenpropheten, in der Neuzeit diagnostizierte man ihn als epileptischen Eiferer und Verführer. Gegenwärtig gilt er vielen im Westen als Symbolfigur einer vermeintlich frauenfeindlichen und intoleranten Religion, der die Fähigkeit zur Integration in eine moderne Wertegemeinschaft abgesprochen wird. Der ideologische und militärische Konflikt, der heute die Globalisierung unheilvoll begleitet, sorgt dafür, dass der Prophet in der westlichen Medienwelt präsent bleibt. Obwohl auch die biblische Tradition zahlreiche Propheten kennt, muss man deshalb niemandem erklären, wer *der* Prophet ist: Gemeint ist Mohammed (ar. Muḥammad), Sohn von Āmina und ʿAbd Allāh, der Gottgesandte.

Der Islam ist wie keine andere Religion bis zum heutigen Tag mit der Figur seines Stifters verbunden. Sein Handeln und Tun, die »Sunna des Propheten«, ist das Modell, an dem sich die Muslime orientieren. Seine Worte und Reden liegen neben den Aussagen des Korans den islamischen Vorstellungen einer Gesellschafts- und Werteordnung zugrunde. Was an Worten und Taten des Propheten überliefert ist, wird seit vielen Jahrhunderten gesammelt, kommentiert, interpretiert und analysiert. Nach ihm wird niemand mehr kommen, der den Menschen den rechten Weg weist, denn Mohammed ist, nach islamischem Verständnis, das abschließende »Siegel der Propheten« (vgl. Q 33:40).

Die zentrale Rolle des Propheten im Islam zeigt sich nicht nur in der Bedeutung seiner Worte und seines Handelns, sondern auch daran, dass er in seiner Person Wesenszüge und Eigenschaften verbindet, die in der biblischen Tradition verschiedenen Propheten zukommen: Wie Abraham gründet Mohammed einen neuen Pakt der Menschheit mit Gott; wie Moses führt Mohammed seine Anhänger aus der Bedrängnis und gibt der Menschheit ein neues Gesetz; wie Jesus setzt er das jüdische Gesetz außer Kraft und verkündet ein neues Gottesreich. Natürlich lassen sich die Parallelen nicht zu weit treiben, aber es ist offensichtlich, dass in der Figur des Propheten wesentliche Elemente des monotheistischen Prophetentums zusammenfallen. Es scheint auch gesichert, dass die bewusste Bezugnahme auf die biblische Tradition und die Betonung von Parallelen bei der Entstehung des muslimischen Mohammedbildes keine unwesentliche Rolle gespielt haben.

Doch damit nicht genug: Mohammed war nicht nur ein neuer Abraham oder Moses, er war Vater, liebender Ehemann seiner Frauen, ehrlicher Freund, guter Ratgeber, zorniger Disputant, scherzender Gesprächspartner und strenger Richter. Einem Beduinen, der ihn unsanft am Kragen gepackt und eine Gabe gefordert hatte, soll er lachend etwas geschenkt haben; einem jüdischen Dichter, der ihn geschmäht hatte, soll er Meuchelmörder ins Haus geschickt haben. In den ersten Jahren seiner Berufung lebte Mohammed fast wie ein Ausgestoßener, der sich der Anfeindungen kaum erwehren konnte; in späteren Jahren schreckte er nicht davor zurück, seine Gegner zu bekriegen. Dieser weltzugewandte Pragmatismus des Propheten, seine Eingebundenheit in irdische Verhältnisse, hat seit jeher westlichen Islam-Kritikern als Argument gedient und erregt bei vielen Außenstehenden Befremden. Man übersieht dabei leicht, dass dominante Strömungen im Islam bis zum heutigen Tag ganz und gar nicht in diesem Sinn weltzugewandt sind, sondern im Gegenteil Meditation, Askese und Mystik, nicht aber politisches Engagement im Diesseits oder gar Militanz fördern.

Seit vielen Jahrhunderten hat sich im sunnitischen Islam eine ausgeprägte Prophetenverehrung entwickelt, weil das prophetische Vorbild universell bedeutsam ist; unter den Schiiten wird die Prophetenverehrung oft von der Verehrung der Imame überlagert. Aufgrund seiner Charaktereigenschaften gilt der Prophet den Muslimen als »der vollkommene Mensch«. Jeder einzelne Gläubige kann und soll sich an ihm ein gutes Vorbild nehmen, wie es schon im Koran, in der Sure 33:21, heißt. Die sunnitische Prophetenverehrung äußert sich in zahllosen Facetten der Volksfrömmigkeit, aber auch in der Dichtung und Literatur. Die Herabsetzung oder Beleidigung des Propheten gilt vielen als ein der Gotteslästerung ebenbürtiges Verbrechen. Der aus Céuta (einer heute spanischen Enklave auf marokkanischem Boden) stammende Qadi ʿIyāḍ ibn Mūsā (gest. 1149) hatte in seinem einflussreichen *Kitāb aš-Šifāʾ* (»Buch der Heilung«) die Prophetenbeleidigung für todeswürdig erklärt, und viele muslimische Juristen schlossen sich dieser Bewertung an. Vor diesem ernsten Hintergrund ist auch, bei aller gegenwärtigen Gereiztheit der Beteiligten in Ost und West, der »Karikaturenstreit« zu sehen, der 2006 die Gemüter erhitzte und vielen Menschen, meist Muslimen, das Leben kostete.

Die zentrale Rolle des Propheten im Islam bedeutet auch, dass es keine Auseinandersetzung mit den Glaubensartikeln und Gesetzesbestimmungen der islamischen Religion geben kann, die nicht den Propheten, sein Leben und sein Wirken berücksichtigt. Es ist im Islam nicht leicht möglich, wie beispielsweise im Fall des katholischen Christentums, die Lehren späterer Generationen gegen die Lehre des Religionsstifters auszuspielen. Einige westlich orientierte muslimische Denker versuchen sich heute zwar an dieser Aufgabe, aber sie machen sich damit ebenso leicht einer doktrinären Verfälschung des Mohammedbildes schuldig, wie andererseits die »Dschihadisten«, die Vertreter eines gewaltbereiten Islams, die militärische Episoden aus dem Leben des Propheten verabsolutieren und anachronistisch in einen neuen Kontext stellen.

Die Problematik des zeitgenössischen Islams liegt aber genau hierin: Weil das irdische, gewissermaßen historische Dasein des Propheten – dem tatsächlich, soweit wir aus heutiger Sicht sagen können, nichts Menschliches fremd war – so untrennbar mit der islamischen Religion verknüpft ist, steht das schillernde und facettenreiche Leben Mohammeds, wie es uns die islamische Überlieferung vor Augen führt, im Mittelpunkt sowohl der islamischen Selbstsicht als auch der Außenwahrnehmung. Welche dieser Einzelheiten im jeweiligen Diskurs hervorgehoben werden, hängt von den ideologischen und politischen Zielen der Beteiligten ab. Allen ist gemeinsam, dass der Prophet und seine Lehren oft genug nur als Projektionsfläche für die eigene Weltwahrnehmung missbraucht werden. Doch damit macht man es sich zu einfach. Die Dinge sind, wie so oft, komplexer, als sie auf den ersten Blick scheinen, und erlauben kein einfaches Urteil.

Leben

Was können wir wissen?

Keine Darstellung von Mohammeds Leben kann umhin, zunächst die Quellenproblematik zu beleuchten, denn trotz des (über)reichen Materials, das uns zu seiner Person vorliegt, stehen wir vor der Frage, ob und inwiefern das, was uns berichtet ist, historisch verlässlich und somit für eine biographische oder historische Darstellung verwertbar ist. Die Beantwortung dieser Frage, die je nach Standpunkt verschieden ausfällt, bestimmt seit langem die Agenda der westlichen Orientalistik. Noch heute kann als Arbeitshypothese gelten, was Alfred von Kremer 1868 so formulierte: »Es ist die höchste Aufgabe der durch die neuere historische und philologische Wissenschaft begründeten Kritik, [...] durch die äussere mythische Hülle bis zu dem inneren Kern der geschichtlichen Thatsachen vorzudringen.« (Kremer 1868, S. 136)

Problematisch ist zunächst, dass uns zu Leben und Wirken Mohammeds fast ausschließlich Nachrichten aus der islamischen Überlieferung vorliegen. Informationen aus nicht-islamischen Quellen, die vor einigen Jahren von Robert Hoyland zusammengetragen und ins Englische übersetzt wurden, sind spärlich und dank ihrer Ungenauigkeit sowie Distanz von den Ereignissen kaum geeignet, die Darstellung der islamischen Überlieferung grundsätzlich zu korrigieren oder gar umzustoßen. Wie auch im Fall von Buddha oder Jesus muss sich daher eine Biographie Mohammeds so gut wie ausschließlich auf schriftliche Quellen stützen, die derjenigen religiösen Tradition angehören, die aus dem Wirken des jeweiligen Stifters hervorgegangen ist.

Eine ganz andere Problematik verursacht der Umstand, dass uns im Fall Mohammeds in

Phantasievolle Darstellung Mohammeds (»Mahomet«) im Stil eines türkischen Sultans aus A. Manesson Mallets *Description de L'Univers, Asie ancienne et moderne*, Paris 1683

der islamischen Tradition eine überwältigend große, kaum überschaubare Zahl an Nachrichten vorliegt, worin sie sich deutlich von der im Vergleich dürftigen buddhistischen oder christlichen Überlieferung unterscheidet. Die islamische Überlieferung, insofern sie für das Leben Mohammeds relevant ist, besteht aus einem heterogenen, über einen langen Zeitraum (ca. 730-1800) entstandenen Korpus von Schriften, das nach mehr als 150 Jahren intensiver orientalistischer Forschung immer noch nicht umfassend beschrieben und erfasst, geschweige denn ausgewertet worden ist. Besonders die nach 1500 entstandenen Quellenwerke, die oft einen riesigen Umfang haben, zitieren vielfach ältere und heute teils verlorene Schriften, so dass sich der Wert einer Quelle nicht nach ihrem Entstehungszeitpunkt bemisst.

Unter den Textgattungen der islamischen Überlieferung, die über das Leben des Propheten informieren, kommen der Hadithüberlieferung und der Sīra die Hauptrolle zu. Neben Hadith und Sīra gibt es zahlreiche andere Textgattungen, denen Nachrichten über Mohammed zu entnehmen sind: in erster Linie Korankommentar, Schrifttum zur Prophetologie, Rechtsliteratur und Dichtung. Dass in den Korankommentaren viele Nachrichten über Mohammeds Leben und Wirken vorliegen, ist naheliegend; manche dieser Nachrichten sind aus der Prophetenbiographie und der Hadithüberlieferung nicht bekannt und daher umso bedeutsamer. Sammlungen von Rechtsvorschriften bieten sporadisch Material, das nicht anderweitig belegt ist, doch auch in ihnen sind Nachrichten über das Tun des Propheten – seine »Sunna« – allgegenwärtig, weil die Sunna des Propheten neben dem Koran die wichtigste islamische Rechtsquelle ist. Aus der Dichtung, die im Umfeld Mohammeds entstanden sein soll, ließe sich ebenfalls mancherlei Information entnehmen, doch ist bis heute die Authentizität dieser Dichtung umstritten.

Sīra, vgl. S. 77

Sunna, vgl. S. 63

Kurioserweise ist es die eigentliche Geschichtsschreibung, die für die Leben-Mohammed-Forschung kaum von Belang ist. Zwar setzt die arabische Geschichtsschreibung bereits im 8. Jahrhundert ein, aber gerade für die Epoche Mohammeds hängt sie fast gänzlich von dem ab, was in Hadithüberlieferung, Prophetenbiographie und Korankommentar berichtet wird, so dass ihr kein eigenständiger Wert zukommt.

Die schriftlichen Quellen, die uns literarisch – in Abschriften ganzer Texte und Bücher, in Auszügen oder Zitaten – erhalten sind, bilden unsere Hauptquelle für Mohammeds Leben. Originaldokumente oder Urkunden aus seiner Zeit liegen nicht vor. Zwar werden in den Quellen einige seiner Briefe und die sogenannte »Gemeindeordnung« zitiert, doch auch deren Text ist nur aus literarischer Überlieferung bekannt; Briefe, die aus der Zeit Mohammeds stammen sollen und in der islamischen Welt an verschiedenen Orten, etwa in Istanbul, gezeigt werden, sind nicht echt. Ob der Inhalt dieser Texte authentisch ist, ist nicht endgültig geklärt: Hinsichtlich der Briefe besteht unter westlichen Forschern der Konsens, sie nicht als authentisch anzusehen, wohingegen die meisten den Wortlaut der »Gemeindeordnung« als eine relativ genaue Wiedergabe des ursprünglichen Textes ansehen.

»Gemeindeordnung«, vgl. S. 45

Auch der Wortlaut des Korans bietet, wenn man seine Entstehungszeit in das zweite und dritte Jahrzehnt des 7. Jahrhunderts legt, ein verlässliches Dokument. Leider enthält er aufgrund seines spezifisch knappen Stils kaum Nachrichten, die historisch verwertbar sind, solange sie nicht durch andere Quellen konkretisiert werden. Die westliche Orientalistik, die den Koran unabhängig von anderen Quellen eingehend auf seinen historischen Gehalt hin untersucht hat, kommt deshalb nur zu mageren Ergebnissen.

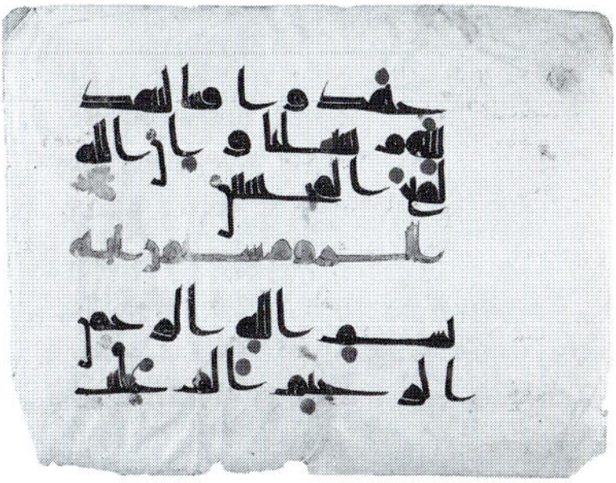

Pergamentseite eines mehrfarbig geschriebenen Korans (Ende von Sure 29, Anfang von Sure 30), 8. Jh.

Die schriftlichen Quellen der islamischen Überlieferung stellen die westliche Leben-Mohammed-Forschung vor drei Probleme. Das erste Problem ist technischer Natur und nicht nur durch die schiere Masse an Nachrichten verursacht, sondern auch durch den Umstand, dass viele Texte immer noch nicht in modernen Drucken zur Verfügung stehen, sondern in orientalischen oder europäischen Bibliotheken ihr Dasein als ungelesene und verstaubte Handschriften fristen.

Das zweite Problem ist inhaltlicher Natur: Welches überlieferte Material ist historisch gesichert? An dieser Gretchenfrage der Leben-Mohammed-Forschung arbeitet sich die westliche Orientalistik seit knapp zwei Jahrhunderten ab, ohne bisher zu einem schlüssigen und allgemein akzeptierten Ergebnis gelangt zu sein. Die ersten schriftlichen Aufzeichnungen über Mohammeds Leben und Wirken wurden nicht vor 700, möglicherweise erst Jahrzehnte später verfasst; einige zeitgenössische Forscher (F. Sezgin, G. Schoeler, H. Motzki) setzen den Beginn der Verschriftlichung etwas früher an. Hieraus ergibt sich eine Lücke von etwa 70 bis 100 Jahren zwischen dem Tod Mohammeds im Jahr 632 und dem Einsetzen der schriftlichen Überlieferung. Zahlreiche Nachrichten jedoch, die für unsere Kenntnis von Leben und Wirken Mohammeds wichtig sind, finden sich nicht in diesen Werken der ältesten Epoche, sondern erst in später entstandenen Schriften, so dass in vielen Fällen der Abstand umso größer ist.

Problematisch ist schließlich, dass bereits die frühe Überlieferung von und über Mohammed den innerislamischen Diskussionen und Interessenskonflikten des 8. Jahrhunderts ausgesetzt war: Worte und Taten Mohammeds dienten der Auslegung des Korans, der Etablierung rechtlicher Regelungen, der Klärung theologischer Fragen – und waren nicht zuletzt relevant als Argumente in der Auseinandersetzung zwischen Sunniten und Schiiten sowie für die Glorifizierung der Vergangenheit namhafter Familien, die sich mit den Taten ihrer Vorfahren zur Zeit Mohammeds Ruhm und Ehre an ihren Stammbaum hefteten. Nach allem, was wir wissen, haben diese und weitere Faktoren keine geringe Rolle bei Entstehung und Ausformung der Überlieferung über Mohammeds Leben gespielt, so dass uns also nur in den wenigsten Fällen eine »objektive« und von späteren Interessen unbeeinflusste Überlieferung vorliegt.

Vgl. S. 83

Trotz dieser Schwierigkeiten betrachteten die Orientalisten früherer Jahrzehnte, besonders wenn sie vom Wissenschaftsoptimismus des 19. Jahrhunderts beflügelt waren, die Fülle an Nachrichten über Mohammed als eine gute Voraussetzung für die Leben-Mohammed-Forschung, die es erlaube, ein de-

»Das Ḥadîth wird uns nicht als Document für die Kindheitsgeschichte des Islam, sondern als Abdruck der in der Gemeinde hervortretenden Bestrebungen aus der Zeit seiner reiferen Entwickelungsstadien dienen.« (Der ungarische Orientalist Ignaz Goldziher im Jahr 1890 über den Quellenwert der islamischen Überlieferung; Goldziher 1890, Bd. II, S. 5)

tailliertes und historisch zutreffendes Bild des Propheten zu zeichnen. So urteilte etwa Ernest Renan 1857, dass »anstelle des Mysteriums, unter dem die anderen Religionen ihre Entstehung verhüllen, der Islam in der offenen Geschichte entsteht; seine Wurzeln liegen im hellen Sonnenlicht zutage« (Renan 1863, S. 220). Deutsche Orientalisten, etwa Theodor Nöldeke, nahmen diese Position auf und sprachen davon, dass wenigstens das Wirken Mohammeds in Medina historisch gesichert sei: »Mit der Übersiedlung nach Jathrib [= Medina] betreten wir hell historischen Boden« (Nöldeke 1914, S. 165).

Diese Position, welche die islamische Überlieferung grundsätzlich als historische Quelle anerkennt, blieb nicht unwidersprochen, und es war vor allem der belgische Jesuit Henri Lammens, der in zahlreichen Arbeiten ihre Zuverlässigkeit in Frage stellte. Seine Schriften sind noch heute ein Fundament der »revisionistischen« (»skeptischen«) Leben-Mohammed-Forschung.

»Dehnbarkeit« des Quellenmaterials

Bis heute oszilliert deshalb die westliche Leben-Mohammed-Forschung zwischen diesen beiden Polen: mehr oder weniger positivistisches Vertrauen in die Nachrichten der islamischen Überlieferung oder eine fast grundsätzliche Ablehnung dieser Überlieferung, verbunden mit der Erstellung alternativer Szenarien, dass alles doch ganz anders gewesen sei. Der britische Islamwissenschaftler Michael Cook bringt das Dilemma auf den Punkt, wenn er schreibt, dass »die unendliche Dehnbarkeit des Quellenmaterials radikal unterschiedliche historische Interpretationen« erlaube (Cook 1981, S. 156). Und abgesehen von der Frage, was wir tatsächlich wissen können, bleibt weiterhin unbeantwortet, welche Bewertung der Person Moham-

Westliche Bewertungen

meds sich hieraus ergeben mag: Die westliche Orientalistik des 19. und 20. Jahrhunderts sieht ihn u. a. als Sozialreformer, als genuin religiösen Menschen, der eine neue Glaubenslehre verkündet, als arabischen Nationalisten, als jüdischen oder christlichen Sektierer, der sich zu einer Neuformulierung der biblischen Tradition berufen fühlt; jüngst sehen ihn manche als politischen Ideologen und Islamisten *avant la lettre*. Klar ist auch, dass keine dieser Interpretationen mit der islamischen Selbstsicht übereinstimmt.

So gut wie alle westlichen Mohammedbiographen des 20. Jahrhunderts haben angesichts der Quellenproblematik ihre Skepsis geäußert, ob und inwiefern uns der Prophet des Islams in historischer Sicht zugänglich sei. Maxime Rodinson, ein französischer Orientalist, bemerkte deshalb, dass »sich eine Biographie Mohammeds auf wenige Seiten einer entsetzlich trockenen Darstellung beschränken müßte, wenn sie nur auf Fakten basieren würde, die unbezweifelbar sind« (Rodinson 1994, S. 12). Ebenso skeptisch waren vor ihm auch Leone Caetani und der dänische Islamwissenschaftler Frants Buhl, dem wir doch eine der interessantesten und einflussreichsten Mohammed-Biographien des 20. Jahrhunderts verdanken.

»Unter diesen Umständen ist natürlich eine weitgehende Skepsis bei der Behandlung der Traditionen über Muhammeds Leben unumgänglich; und man könnte im Gegensatz zu der früheren Leichtgläubigkeit eher geneigt sein zu fragen, ob es mit einem solchen Material überhaupt möglich ist, sich ein Bild vom Leben dieses Mannes zu machen.« (Der Islamwissenschaftler Frants Buhl; Buhl 1961, S. 376)

Dem Mohammedbiographen bleibt kaum anderes übrig, als trotz aller Skepsis und im Wissen um die mögliche Unzuverlässigkeit des verfügbaren Quellenmaterials dieses der Darstellung doch weitgehend zugrunde zu legen. Auch das vorliegende Buch kann, was die Schilderung von Mohammeds Leben und Wirken betrifft, keinen anderen Weg einschlagen. Vielmehr soll jenseits aller rein historisch orientierten Fragestellungen auch und gerade die Bedeutung von Mohammeds Lebensweg für die islamische Selbstsicht und Identität herausgestellt werden.

Mohammeds Lebensweg

Mohammeds Weg als Mensch und Prophet, wie er uns aus der islamischen Überlieferung und dem Zeugnis des Korans hervortritt, ist die Geschichte eines Mannes, der alle Hindernisse überwindet, um eine neue Gemeinschaft (*umma*) zu begründen, deren Glaube sich als Erneuerung, aber auch als Überwindung der jüdisch-christlichen Tradition versteht. Seine Geschichte steht daher ganz im Zeichen des Exils und des Widerstands, der ihm im Lauf seines Lebens entgegengebracht wird (vgl. Q 25:31, 40:5), bis es ihm schließlich gelingt, sich aller Widersacher zu erwehren und seiner – und das heißt: Gottes – Sache zum Sieg zu verhelfen (vgl. Q 48:1-3).

Exil und Triumph

Die komplementären Motive »Widerstand« und »Überwindung« haben den Islam von Anfang an geprägt und dafür gesorgt, dass er sich in der Folge zu einer Religion entwickelte, die gegenüber anderen Religionen, insbesondere dem Juden- und Christentum, überlegen und selbstbewusst, ja »siegesgewiss« auftrat. Auch die erfolgreiche, nur von kleineren Rückschlägen begleitete Geschichte der islamischen Welt bis ins 19. Jahrhundert hat diese Selbstsicht kontinuierlich bestärkt. Der Kolonialismus des 19. Jahrhunderts und die aggressive Durchsetzung westlicher Interessen seit dem 20. Jahrhundert haben dann ein Trauma und eine radikale Erschütterung dieses Selbstbewusstseins bewirkt, deren Folgen sehr weitreichend sind. Dieses Trauma betrifft auch die Figur Mohammeds, dessen Wirken und Lehre heute vielen Muslimen mit den schlechten Zuständen in ihren Ländern nicht vereinbar scheint.

Das moderne Trauma

Theologischer Widerstand regte sich schon früh gegen die neue Offenbarungsbotschaft Mohammeds. Gesellschaftlicher und politischer Widerstand richtete sich in Mekka gegen die Folgen seiner Predigt für den althergebrachten, paganen (»heidnischen«) Pilgerbetrieb an der Kaaba, an dem viele gut verdienten, in Medina gegen die immer mächtiger werdende Gemeinschaft der Muslime, die nun auch mit militärischen Mitteln expandierte. Der ernsthafteste theologische Widerstand kam, wohl bereits in Mekka, von den Juden, und in Medina waren es die jüdischen Stämme, die Mohammeds noch junger Gemeinschaft am entschiedensten die Stirn boten und sich seiner neuen Offenbarung verweigerten. Kriegerischer Widerstand kam jedoch von den herrschenden Familien paganen Glaubens in Mekka, die mehrere Kriegszüge gegen die Muslime in Medina unternahmen.

Nachdem Mohammed im Jahr 622 seine Heimatstadt Mekka verlassen hatte und nach Medina geflohen war, wird er dort zum religiösen Führer eines Gemeinwesens. Weltliche und geistige Gewalt fallen in seiner Person zusammen: Wer dem Propheten gehorcht, der gehorcht Gott (vgl. Q 4:80, 59:7). Es ist diese Konstellation eines Gemeinwesens, in welchem keine Trennung von weltlicher Sphäre (»Staat«) und Religion vorliegt, die in den heutigen politischen Theorien vieler Islamisten eine so große Rolle spielt: Die junge islamische Gemeinde unter der Führung Mohammeds liefert das vermeintlich historische, tatsächlich jedoch metahistorische und geradezu mythische Vorbild für die Verfassung eines islamischen Staates, den es so nach der Zeit Mohammeds nie gegeben hat – ja, der in dieser Art und Weise bis in die Neuzeit von den meisten muslimischen Gelehrten auch niemals eingefordert worden ist.

Der Mythos der Islamisten

Die »Zeit der Unwissenheit« (5.-6. Jahrhundert)

Mohammed wird um 570 in Mekka in eine Gesellschaft hineingeboren, deren soziale, kulturelle und religiöse Gegebenheiten uns nur zum Teil bekannt sind. Generell liegen uns nur spärliche Notizen zur Geschichte der arabischen Halbinsel während des 5. und 6. Jahrhunderts vor, und archäologische Belege sind in sehr geringer Zahl vorhanden. Die islamische Tradition nennt die vorislamische Epoche »Zeit der Unwissenheit« (*al-ǧāhilīya*, vgl. Q 5:50, 48:26), womit freilich nicht der bedauerliche Mangel an historischen Nachrichten, sondern der Mangel an Heilswissen gemeint ist, unter welchem in islamischer Sicht die Menschen vor der Offenbarung des Islams zu leiden hatten.

Das meiste, was uns über den paganen Glauben der vorislami-

Hedschas

schen Araber im Hedschas (ar. Ḥiǧāz) – der westlich-zentralarabischen Region um die Städte Mekka, Medina und Ṭā'if – bekannt ist, stammt aus islamischen Quellen oder ist aus den Verhältnissen im Jemen (Südarabien) abgeleitet, dessen Kultur durch archäologische Forschung gut erschlossen ist. Gesichert ist, dass die vorislamische arabische Religion polytheistisch strukturiert war und ein reich gefächertes Spektrum an Gottheiten – Himmels- (Mondgott, Sonnengöttin), Fruchtbarkeits-, Schicksalsgottheiten u. a. – samt den zugehörigen Kultritualen aufwies. Aus dem Jemen sind zahlreiche Abbildungen oder Statuen paganer Gottheiten bekannt, und ähnliche Kultbilder besaßen die Araber in Mekka. Im Koran findet sich wiederholt Polemik gegen die »Götzen« (*aṣnām*, *auṯān*), und nicht nur die Hadithüberlieferung, sondern auch Schriften wie Hišām Ibn al-Kalbīs (gest. 819) *Kitāb al-Aṣnām* (»Götzenbuch«) geben über viele pagane Gottheiten Auskunft.

Weihetafel mit Widmung an die Sonnengöttin (Jemen, 1. Jh.)

Der Koran nennt namentlich die weiblichen Gottheiten al-Lāt, al-ʿUzzā und al-Manāh (Q 53:19 f.), deren Kult auch archäologisch belegt ist. Zugleich gab es im arabischen Götterkult Tendenzen, einen übergeordneten »Haupt-« oder »Hochgott« zu verehren, der einfach den Namen *al-Lāh*, »*der* Gott« trug, welcher dann im Islam – und ebenso bei den arabischsprachigen Christen! – als Gottesname fortlebt. Auch die Namensgebung von Personen belegt die sprachliche Kontinuität zwischen vorislamischer und islamischer Zeit: Namen wie »ʿAbd Šams« (»Diener der Sonne«, d. h. der Sonnengöttin) oder »ʿAbd Manāh« (»Diener der [Göttin] Manāh«) leben in islamischer Form als »ʿAbd Allāh« (»Diener des [einen, islamischen] Gottes«) oder »ʿAbd ar-Raḥmān« (»Diener des barmherzigen [Gottes]«) weiter.

Allāh

Kaum informiert sind wir über die Glaubenslehren und Jenseitsvorstellungen der paganen Araber im Hedschas. Aufgrund der im Koran oft wiederkehrenden Aufforderung, an ein individuelles Schicksal nach dem Tod, das Jüngste Gericht und die Auferstehung der Toten zu glauben, ist anzunehmen,

Die Kaaba: Gebete während des Ramadans

dass der Glaube daran nicht verbreitet war. Auch die altarabische (vorislamische) Dichtung enthält keine Spuren, die darauf hindeuten; im Gegenteil wird in ihr die Endlichkeit des menschlichen Lebens und die blinde Macht des unpersönlichen Schicksals (*dahr*) hervorgehoben, eine Einstellung, die im Koran (45:24) den Arabern zum Vorwurf gemacht wird.

Kaaba

Am bedeutendsten für den späteren Islam sollte sich der pagane Kult an der mekkanischen Kaaba (vgl. Q 5:95, 97) erweisen. Dieser aus schwarzgrauem Stein errichtete und von einem jährlich erneuerten Überwurf (*kiswa*) bedeckte Bau in Form eines »Würfels« (ar. *kaʿba*) diente bereits in vorislamischer Zeit als Kultgebäude, das von den Pilgern umrundet wurde. Bevor die Kaaba – die im islamischen Sprachgebrauch meist einfach »das Haus« (*al-bait*) oder »das sakrosankte Haus« (*al-bait al-ḥarām*) genannt wird (vgl. Q 2:158, 5:2) – und ihre kultische Umrundung (*ṭawāf*) in das islamische Ritual einbezogen wurden, sollen sich in ihrem Inneren Götzenbilder befunden haben, vor welchen u. a. ein Orakelkult durchgeführt wurde. Die islamische Überlieferung berichtet, Mohammed habe diese Götzen nach seinem Einzug in Mekka im Jahr 630 entfernen und demolieren lassen (worauf sich nicht zuletzt die Zerstörer der jahrhundertealten Buddha-Statuen von Bamiyan in Afghanistan beriefen). Der »schwarze Stein«, ein in die Nordostecke der Kaaba eingemauerter Meteorit, war be-

Der schwarze Stein

reits in vorislamischer Zeit ein Objekt der Verehrung, und es wird berichtet, Mohammed habe noch vor seiner Entsendung als Prophet einmal mitgeholfen, den Stein wieder einzusetzen, nachdem man die Kaaba restauriert hatte. In islamischer Zeit wurde der Stein mehrmals von Sektierern oder Geistesverwirrten mit metallenen Gegenständen beschädigt; an einigen Stellen brachen Splitter aus dem Stein, und die »Narben« konnten bis heute nicht vollständig beseitigt werden.

Die pagane Gesellschaft Mekkas verstand sich als »Hüter« der Kaaba und der dort verehrten Gottheiten. Die bedeutenden Familien der Stadt organisierten den dort stattfindenden Kult sowie den zeitgleichen Markt und versorgten die jährlich herbeiströmenden Pilger. Mohammeds Ablehnung des Polytheismus und der damit verbundenen Praktiken führte deshalb während seines Auftretens in Mekka in den Jahren vor 622 zu heftigen Auseinandersetzungen mit den Mekkanern, denen man zu Recht auch ökonomische Motive für ihren Widerstand unterstellen kann, da sie von dem Kult an der Kaaba profitierten. Die nur wenige Jahre später erfolgte Aufnahme der Kaaba in den islamischen Ritus – was im Koran dadurch begründet wird, dass Abraham die Kaaba ursprünglich errichtet hatte (vgl. Q 2:127, 3:97) – machte Mekka bis zum heutigen Tag zum Mittelpunkt eines gut organisierten Wallfahrtbetriebs, welcher der Stadt nicht wenig Einfluss und Wohlstand beschert hat.

Griechisch-arabischer Paralleltext der Psalmen auf Pergament (9. Jh.)

Noch unzureichender als über die pagane Religion im Hedschas sind wir über das dortige Juden- und Christentum während des 6. und 7. Jahrhunderts unterrichtet. Wir können annehmen, dass es zahlreiche jüdische und christliche Gemeinden in dieser Region gegeben hat, was auch die islamische Überlieferung bestätigt. Direkte Zeugnisse für das westliche Zentralarabien, wie z. B. für den Jemen, besitzen wir allerdings nicht.

Arabisches Judentum

Im Fall der arabischen Juden hat man verschiedentlich Nachrichten über die jüdischen Gemeinden in Palästina und im Irak des 7. Jahrhunderts herangezogen, um hieraus Aufschlüsse zu gewinnen. Recht bedeutsam war das Judentum auch im Jemen, besonders seit die Juden unter persisch-sassanidischer Herrschaft in Südarabien (seit etwa 570) protegiert wurden. In der islamischen Überlieferung ist von zahlreichen Kontakten zwischen den Juden Medinas und ihren Glaubensgenossen im Jemen die Rede. Unbekannt ist aber, welche Schriften unter den Juden des Hedschas vorhanden und in welcher Sprache diese verfasst waren, so dass wir uns keine genaue Vorstellung von der religiösen Bildung der arabischen Juden machen können. Die verstreuten Nachrichten in der späteren islamischen Überlieferung sind vage und basieren wohl nicht auf historischen Fakten, sondern reflektieren die Art und Weise, wie man sich rückblickend das Leben der arabischen Juden vorstellte, nachdem die Muslime das jüdische Leben in Palästina und im Irak kennengelernt hatten. Ebenso rätselhaft und historisch nicht weiter aufklärbar bleibt die islamische Überlieferung, wonach die Juden Medinas Teil des arabischen Stammeswesens waren, woraus man verschiedentlich gefolgert hat, es habe sich bei ihnen um arabische Proselyten gehandelt. Auch die meisten Stammes- und Personennamen sind, von wenigen Ausnahmen abgesehen, diejenigen der paganen Araber, wohingegen jüdische Namen nur selten genannt werden. Selbst in den erhaltenen Werken vorislamischer, arabisch-jüdischer Dichter herrscht ganz das »heidnische Kolorit« vor, das wir aus der sonstigen altarabischen Dichtung gut kennen.

Arabisches Christentum

Unter den arabischen Christen, deren genaue Zugehörigkeit und Verbindungen zum nahöstlichen Christentum im ägyptischen, syrischen und irakischen Raum unklar sind, waren eher heterodoxe Glaubenslehren verbreitet, was sich auch im Koran widerspiegelt. Nicht genau bestimmbar ist der Einfluss des äthiopischen Christentums (Reich von Axum), doch verschiedene äthiopische Lehnwörter im Koran sowie die in der islamischen Überlieferung berichtete mehrfache Auswanderung von Muslimen nach Äthiopien belegen eine Verbindung.

Gesicherte, ggf. archäologische Belege für das arabische Christentum liegen jedoch wiederum nur für den Jemen, nicht für den Hedschas vor. Nimmt man die koranischen Aussagen über christliche Lehren zum Maßstab, dann drängen sich Ähnlichkeiten zu heterodoxen, besonders judenchristlichen Lehren auf, die aus der christlichen Häresiographie bekannt sind. Allerdings sind judenchristliche Gruppen erneut nur im Jemen und dem heutigen Jordanien historisch belegt, zudem in deutlich früherer Zeit, nämlich im 4. und 5. Jahrhundert. Was also lässt sich daraus für die angenommene Präsenz solcher Gruppen unter den Arabern im Hedschas des späten 6. und frühen 7. Jahrhunderts folgern?

»Sprich: ›Leute der Schrift [d. h. Juden und Christen]! Kommt herbei zu einem Wort, das gleich ist zwischen uns und euch: Dass wir niemandem dienen außer Gott, dass wir Ihm nichts beigesellen, dass wir uns nicht gegenseitig zu Herren nehmen an Gottes Statt.‹ Doch wenn sie sich abwenden, dann sprecht: ›Bezeugt, dass wir (Gott) ergeben sind (*bi-annā muslimūn*)!‹ * Leute der Schrift! Warum disputiert ihr über Abraham, obwohl doch Torah und Evangelium erst nach ihm herabgesandt wurden? Begreift ihr denn nicht?« (Q 3:64 f.)

Die islamische Überlieferung berichtet auch über eine besondere Gruppe monotheistischer Gläubiger, die weder der jüdischen noch der christlichen Religion zugeordnet werden (vgl. Q 3:67). Sie nennt diese Leute »Ḥanīfen« – was in deutschen Schriften manchmal als »Gottsucher« wiedergegeben wird –, wobei unklar ist, ob es sich bei ihnen um Monotheisten handelte, deren Glaube aus dem altarabischen Polytheismus hervorging, oder um Vertreter eines Monotheismus biblischer Prägung. Für die islamische Selbstsicht sind die Ḥanīfen, denen gewissermaßen die Rolle von »Proto-Muslimen« zufällt, sehr wichtig, weshalb in der islamischen Überlieferung viel über sie berichtet wird. Bereits im Koran erscheint das Wort *ḥanīf* an einer Stelle (Q 3:67) in Verbindung mit »Muslim«, und speziell Abraham, der im Koran zum vereinenden Übervater aller monotheistischen Glaubensrichtungen und zu- »Ḥanīfen«

gleich zum »ersten Muslim« stilisiert ist, wird mehrfach als *ḥanīf* bezeichnet (Q 2:135, 4:125 und öfter).

Weder über die paganen Araber noch über die arabischen Juden und Christen, die zur Zeit Mohammeds die Orte des Hedschas bewohnten, liegen uns also gesicherte Informationen vor. Klar ist jedoch trotz unserer lückenhaften Kenntnis, dass in Mekka und Medina Juden und Christen wohnten und dass zugleich der arabische Polytheismus noch lebendig, aber bereits stark von monotheistischen Vorstellungen beeinflusst war.

Die Tatsache, dass die arabische Halbinsel in das Spannungsfeld des spätantiken (»post-hellenistischen«) Nahen Ostens eingebunden war und die damaligen Großmächte – Byzanz und sassanidischer Iran – in Nord- und Südarabien intervenierten, macht deutlich, dass der Hedschas keine abgelegene Gegend war, an der die religiöse, kulturelle und auch materielle Entwicklung der benachbarten Regionen vorüberging. Besonders die Ausgrabungen im saudi-arabischen Qaryat al-Fau' belegen, wie stark byzantinische und mehr noch iranische Einflüsse auf der arabischen Halbinsel wirksam waren und zur Entstehung einer beachtlichen städtischen Kultur beigetragen haben. Gerade auch Mekka wird man sich daher als städtische Metropole und nicht, wie es oft geschieht, als verschlafenen Karawanenposten von Beduinensippen vorstellen müssen. Die ganz »städtisch« geprägte Kaufmannsmentalität wie auch die Geringschätzung der »Wüstenaraber« (*al-aʿrāb*, vgl. Q 9:97-99) im Koran weisen in dieselbe Richtung. Nichts wäre also abwegiger, als die Entstehung des Islams vor dem Hintergrund der Beduinen- und Wüstenromantik des 19. Jahrhunderts zu konzipieren. Renans so verführerische wie falsche Rede vom »Monotheismus der Wüste« oder Nietzsches Phantastereien – »Der Gott Mahomets, die Einsamkeit der Wüste, fernes Gebrüll des Löwen, Vision eines schrecklichen Kämpfers« (Nietzsche 1988, S. 28) – sind aus heutiger Sicht obsolet.

Beduinen- und Wüstenromantik

Das Licht Arabiens (570-610)

»Mohammed« – arabisch *Muḥámmad* mit stark gehauchtem *ḥ* und Betonung auf der zweiten Silbe – bedeutet »der Gepriesene«. Derlei sprechende Namen waren üblich in der altarabischen Gesellschaft und hatten nicht selten unheilabwehrende Funktion; so bedeutet etwa »ʿĀʾiša« (»Aischa«, türk. Ayşe) »diejenige, die am Leben ist« bzw. »am Leben bleibt, bleiben soll«. Als traditionelles Datum von Mohammeds Geburt gilt das Jahr 570, das »Jahr des Elefanten«. In diesem Jahr soll der jüdische Herrscher des Jemen mit einem Kriegselefanten gegen Mekka gezogen sein, doch Gott wehrte seinen Angriff auf wundersame Weise ab (vgl. Sure 105 im Koran). Spätestens seit dem 13. Jahrhundert wird der Geburtstag (*maulid*) Mohammeds alljährlich am 12. des dritten Monats des islamischen Mondkalenders – Rabīʿ I. – gefeiert, der im Jahr seiner Geburt ein Montag gewesen sein soll; in den Quellen finden sich aber noch andere Angaben zum Tag seiner Geburt.

Mohammeds Geburtstag, vgl. S. 123 f.

Durch seine Eltern – ʿAbd Allāh, Sohn von ʿAbd al-Muṭṭalib, und Āmina, Tochter von Wahb – gehörte Mohammed den Banū Hāšim (wörtl. »Söhnen / Nachkommen von Hāšim«, »Haschemiten«) an, einem wenig einflussreichen Clan der Banū ʿAbd Manāf, die wiederum dem Stamm der Quraiš (»Quraischiten«) angehörten. Mohammeds Abkunft ist, was seine direkten Vorfahren angeht, nicht umstritten, doch die Gelehrten mochten sich später nicht über den genauen Fortgang seiner Genealogie bis Abraham und weiter bis Adam einigen. Mohammeds Vater starb, wie berichtet wird, kurz vor (oder nach anderen einige Monate nach) der Geburt seines Sohnes, die Mutter Āmina wenige Monate nach der Niederkunft. Für die späteren muslimischen Theologen war die Frage nach dem Jenseitsschicksal von Mohammeds Eltern von Relevanz: Weil beide vor der Offenbarung des Islams starben, ist ihnen als Ungläubigen der Eintritt ins Paradies verwehrt (vgl. Q 4:18, 9:113). Mag Gott es aber zulassen, dass den Eltern des Propheten dieses Schicksal bestimmt ist? Die Hadithüberlieferung macht hierzu widersprüchliche Angaben, berichtet jedoch von einem späteren Besuch Mohammeds am Grab seiner Mutter und seiner Fürbitte für ihr Seelenheil.

Um die Geburt Mohammeds ranken sich viele Wundergeschichten, die Teil dessen sind, was man das islamische »Kindheitsevangelium« genannt hat. Diese Mirakelberichte nahmen in den Jahrhunderten nach Mohammeds Tod Gestalt an und besitzen vor allem in der Volksfrömmigkeit große Bedeutung; sie sind im kollektiven Gedächtnis der Muslime ebenso prägend wie Krippe und heilige drei Könige bei den Christen. Am bekanntesten ist die Überlieferung, Mohammeds Mutter Āmina habe schon während ihrer Schwangerschaft ein Licht von sich ausgehen sehen, in welchem ihr die Burgen der südsyrischen Stadt Bosra erstrahlten. In diesem – schon sehr früh belegten – Hinweis auf die Bedeutung der Lichtmetaphorik in Zusammenhang mit der Figur Mohammeds kann man einen Vorboten der später, ab dem 13. Jahrhundert vor allem in sufischen Kreisen sich entwickelnden Lichtmystik sehen, deren zentrales Element das »Licht Mohammeds« (*an-nūr al-Muḥammadī*) ist. Außerdem berichtet die Überlieferung, Christen und Juden, aber auch pagane Seher in Mekka und Medina hätten die bevorstehende Geburt eines Propheten angekündigt.

Das islamische »Kindheitsevangelium«

Lichtwesen, **vgl. S. 113**

Die im Rahmen der Geburtsgeschichte berichteten Wunder sollen die außerordentliche Bedeutung des Geschehens hervorheben. Dass hierbei motivische und typologische Parallelen zur Geburtsgeschichte Jesu eine Rolle spielten, wird besonders an der Diskussion der späteren Gelehrten deutlich, ob Mohammed bereits beschnitten geboren wurde, was man als analoges Wunderzeichen zur jungfräulichen Empfängnis Jesu interpretieren mag.

Die Amme Ḥalīma

Sehr populär in der islamischen Welt ist die Geschichte von Mohammeds Amme Ḥalīma vom Stamm der Saʿd. Es wird erzählt, dass eine große Dürre herrschte und weder die Tiere noch die Brüste der Frauen Milch gaben. Nachdem jedoch Mohammed in die Obhut Ḥalīmas gekommen war, »quollen die Brüste und Euter vor Milch über«, und Menschen wie Tiere waren vor dem Verdursten gerettet. Mohammeds mehrjähriger Aufenthalt beim Stamm seiner Amme außerhalb Mekkas, bei welchem er beim Schafehüten half und abseits der Stadt mit den »reinen Sitten« der Araber aufwuchs, wird in der

Hadithüberlieferung als Vorzeichen seines Prophetentums gedeutet, weil man darin eine Parallele zur Geschichte von Moses erblickte, der ebenfalls bei einem Stamm groß geworden war. Mohammeds Kindheit weist so auf das kommende Prophetentum, durch welches er Moses gleich (vgl. Q 73:15) werden sollte.

Während Mohammeds Aufenthalt bei den Saʿd ereignete sich, der Überlieferung folgend, eine weitere wunderhafte Begebenheit, welche zu den bekanntesten Episoden gehört, die das Prophetentum Mohammeds direkt betreffen: Zwei Engel öffneten Mohammeds Brust und wuschen sein Herz. Diese »Brustöffnung« (*šarḥ aṣ-ṣadr*, wörtl. »Weitung des Herzens«) wird traditionell mit Q 94:1-3 in Verbindung gebracht, wo es heißt: »Haben Wir [d. h. Gott] nicht dein Herz geweitet (*a-lam našraḥ laka ṣadraka*) * Und deine Last von dir genommen, * Die deinen Rücken niederdrückte?«

»Brustöffnung«

»Als ich eines Tages mit meinem Milchbruder hinter unseren Zelten Schafe hütete, kamen zu mir zwei Männer in weißen Gewändern mit einem goldenen Becken, gefüllt mit Schnee. Sie packten mich, öffneten mir den Leib, nahmen mein Herz heraus, spalteten es, entnahmen einen schwarzen Blutklumpen und warfen ihn weg. Dann wuschen sie mein Herz und meinen Leib, bis sie sie gereinigt hatten.« (Der Bericht Mohammeds nach Ibn Isḥāq, in der Übersetzung von Gernot Rotter; SI, Bd. I, S. 166)

Die westliche Islamwissenschaft nimmt an, dass in Q 94:1 nicht von einer »Herzöffnung« die Rede sei, sondern *šaraḥa ṣadran* das »Weiten der Brust (oder: des Herzens)« im übertragenen Sinn meint, dass also jemandem »das Herz weit wird«, er Hoffnung und Zuversicht schöpft und für das Heilswissen empfänglich wird (vgl. Q 6:125 und 39:22). Dass es die islamische Tradition aber wörtlich, nicht im übertragenen Sinn versteht, zeigt, dass man wohl vor allem aus apologetischen Gründen im Koran Anhaltspunkte für die göttliche Bestimmung Mohammeds als Prophet suchte, die nicht als Aussagen über ihn, sondern als Wirken Gottes (bzw. Seiner Engel) *an ihm* zu lesen sind. Die Erzählung von der Brustöffnung ist demnach einerseits als »eine Art Initiationshandlung« für Mohammeds Prophetentum (H. Bobzin), andererseits in engem Zusammenhang mit der späteren innerislamischen Diskussion über die *ʿiṣma* Mohammeds zu sehen, d. h. seine vollkommene Freiheit von jeglicher Sündhaftigkeit.

Vgl. S. 116

Nach der Rückkehr vom Stamm der Saʿd und dem Tod seines Großvaters ʿAbd al-Muṭṭalib kam Mohammed, das Waisenkind (vgl. Q 93:6), in die Obhut seines Onkels Abū Ṭālib. Viele Geschichten werden aus der Jugend des Propheten erzählt, die hier nicht alle wiedergegeben werden können. Durchgängiges Motiv der meisten dieser Geschichten ist, dass Mohammed als Vermittler und Friedensstifter, als charakterlich äußerst verlässlich und vertrauenswürdig aufgetreten sein soll, was ihm den Ehrennamen *al-amīn*, »der Verlässliche«, eintrug. (»Amīn« ist deshalb nicht nur einer der bekannteren Beinamen Mohammeds, sondern bis heute auch ein populärer Vorname.) Zwei Ereignisse aus den Jahren vor seiner Berufung sind aber von besonderer Bedeutung und können nicht übergangen werden: seine Heirat mit der etwa 15 Jahre älteren Geschäftsfrau Ḫadīǧa und seine Reise(n) nach Syrien.

Mohammeds Ehe mit Ḫadīǧa (oft auch »Khadija« oder »Chadidscha«), die bereits zweimal verheiratet gewesen war, ist das wichtigste persönliche Ereignis in seinem Leben. Trotz aller später geschlossenen Ehen sticht diese Verbindung, die Mohammed im Alter von 25 Jahren einging, unter den anderen heraus, zumal er während der Ehe mit Ḫadīǧa keine weitere Frau heiratete. Aus ihrer Beziehung gingen mehrere Söhne hervor, die alle im Kindesalter starben, und mehrere Töchter, die überlebten und in der späteren islamischen Tradition eine große Rolle spielen: Die bedeutendste unter ihnen, Fāṭima (gest. 632), heiratete ʿAlī, den Sohn von Mohammeds Onkel Abū Ṭālib, und wurde zur Stammutter der schiitischen Imame; Ruqaiya (gest. 624) und nach ihr Umm Kulṯūm (gest. 630) heirateten den späteren dritten Kalifen ʿUṯmān; Zainab, die älteste Tochter, starb ebenfalls noch zu Lebzeiten Mohammeds im Jahr 629. Ḫadīǧa bekannte sich als erste zum Islam, als ihr Mohammed von der Offenbarung berichtete, die ihm zuteil geworden war. Sie unterstützte ihn fortan mit Rat und

Tat und nahm ihn vor den Attacken der Mekkaner in Schutz. Ihr Tod im Jahr 619 (so nach der üblichen Datierung) war neben dem späteren Tod seines Sohnes Ibrāhīm die schwerste Prüfung in Mohammeds Leben.

Sowohl vor als auch während der Ehe mit Ḫadīǧa nahm Mohammed an mekkanischen Handelsreisen nach Syrien teil; die Details wie auch die genaue Anzahl der Reisen sind in den Quellen sehr verschieden mitgeteilt. Auf einer dieser Reisen soll es jedenfalls in Bosra – der Stadt, die einst vom Licht der schwangeren Mutter Mohammeds erleuchtet wurde! – zu einem Treffen mit einem christlichen Mönch namens Baḥīrā gekommen sein, der, kaum hatte er Mohammed erblickt, bestätigte, dass es sich bei ihm um den Propheten handele, der schon in den biblischen Schriften angekündigt sei. Nach einer anderen Version habe sich Mohammed vor der Zelle Baḥīrās unter einen Baum gesetzt, unter den sich, wie der Mönch kundtat, nur Propheten setzen. Erzählt wird auch, dass Baḥīrā zwischen Mohammeds Schulterblättern das »Siegel des Prophetentums« entdeckte, eine »taubeneigroße« Verdickung des Fleisches, ein behaartes Mal oder auch eine rötliche Hautverfärbung, wie es nach den je unterschiedlichen Beschreibungen in den Quellen geschildert wird. Dieses »Siegel« (*ḫātam*) wird dem Namen nach in Q 33:40 erwähnt, meint aber dort – wie analog schon im Fall der »Brustöffnung« – kein reales Objekt, etwa ein Mal auf dem Körper Mohammeds, sondern bezeichnet im übertragenen Sinn die »Besiegelung« des biblisch-monotheistischen Prophetentums durch Mohammed. Die Baḥīrā-Episode ist für die islamische Apologetik von Bedeutung, da in ihr deutlich wird, dass auch von christlicher Seite das Prophetentum Mohammeds erkannt und *an*erkannt wurde.

Der Mönch Baḥīrā

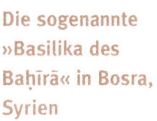

Die sogenannte »Basilika des Baḥīrā« in Bosra, Syrien

Die Vision auf dem Berg (610-613)

Das zentrale Ereignis im Leben Mohammeds ist seine Berufung zum Propheten. Sie fand, der üblichen Datierung folgend, im Monat Ramadan (vgl. Q 2:185) des Jahres 610 statt. Nach der Überlieferung hatte sich Mohammed bereits seit einigen Jahren während des Ramadans – dem späteren islamischen Fastenmonat, damals aber einer der drei Monate, in welchen die pagane Pilgerfahrt zur Kaaba vollzogen wurde – allein auf den über Mekka gelegenen Berg Ḥirāʾ zurückgezogen, um dort vor und in einer Höhle zu meditieren und zu beten; auch soll er asketische Übungen vorgenommen haben, und die Überlieferung berichtet, dass er im Schlaf »wahrhafte Visionen« hatte. Aus welcher Erfahrung heraus Mohammed begonnen hatte, seine Religiösität auf diese Weise praktisch zu leben, wird in den Quellen nicht geschildert.

»Fast keine Vegetation, nackte Felsen, jähe Abhänge, klaffende Abgründe und grauenvolle Schluchten. [...] Die Thäler sind mit grobem Geröll und Felsstücken gefüllt, welche das scharfe Sonnenlicht reflektieren und deren Anblick einem fast die Augen im Kopf versengt und die so heiß werden, daß sie Blasen an den Fußsohlen ziehen. Dieses ist ein günstiger Ort für Visionen.« (Alois Sprenger über den Berg Ḥirāʾ; Sprenger 1869, Bd. I, S. 297)

Mit 40 Jahren, so will es die islamische Tradition mit implizitem Bezug auf den Koran (Q 46:15), sei das reife Mannesalter erreicht, und in diesem Alter war Mohammed, als er sich im Ramadan wieder auf dem Berg Ḥirāʾ aufhielt. Eines Nachts erschien ihm der Engel Gabriel. Ibn Isḥāq schildert die erste Offenbarung in einem berühmten Bericht, der wörtlich wiedergeben soll, wie sich Mohammed später an dieses Ereignis erinnerte:

Die erste Offenbarung

»Als ich schlief, kam Gabriel zu mir [d. h.: erschien mir] mit einem Tuch (?) aus Brokatstoff, auf dem etwas geschrieben stand [oder: auf dem ein Buch lag], und sprach: ›Trag vor! [auch: ›Rezitiere!‹ oder ›Lies!‹]‹ Ich sagte: ›Was (*māḏā*) soll ich vortragen?‹ Da presste Gabriel das Tuch auf mich, bis ich dachte, es wäre mein Tod. Dann ließ er ab von mir und

Pilger am Eingang zur Höhle auf dem Berg Ḥirā'. Auf der Tafel ist der Beginn von Sure 96 zitiert.

sprach: ›Trag vor!‹ Ich sagte [wieder]: ›Was soll ich vortragen?‹ Ich sagte das nur aus Angst, er könne wieder tun, was er zuvor mit mir gemacht hatte. Er [aber] sprach: *Trag vor, im Namen deines Herrn, der erschuf, * Erschuf den Menschen aus geronnenem Blut! * Trag vor! Dein Herr ist der Edelmütigste, * Der den Menschen durch das Schreibrohr lehrte , * Den Menschen lehrte, was er nicht wusste.* [Q 96:1-5] Das also trug ich vor, dann endete ich, und Gabriel verließ mich. Ich erwachte aus meinem Schlaf, und es war, als ob die Worte in mein Herz geschrieben waren. Ich ging hinaus [wohl gemeint: aus der Höhle], und als ich auf halber Höhe des Berges [Ḥirā'] war, hörte ich eine Stimme vom Himmel, die sagte: ›O Mohammed! Du bist der Gesandte Gottes, und ich bin Gabriel!‹ Da erhob ich meine Augen zum Himmel, und siehe da: Ich erblickte Gabriel in Gestalt eines Mannes, seine beiden Beine standen auf dem Horizont des Himmels. [...] Da stand ich und blickte ihn an, tat keinen Schritt nach vorn und keinen zurück. Dann wandte ich mein Gesicht von ihm ab und hin zu allen Enden des Himmelshorizonts, doch wohin ich auch blickte, ich sah nur ihn wie zuvor.« (SI, Bd. I, S. 236 f.)

Mohammed kehrt danach zu Ḫadīǧa zurück und berichtet ihr, was er erlebt hat. Sie versteht sogleich, was vorgefallen ist, und eröffnet Mohammed voll Freude, dass ihn Gott zum Propheten für sein Volk auserwählt habe. Nach anderen Berichten war Mohammed sehr verstört und zitterte am ganzen Leib, als er zu seiner Frau zurückkehrte. Er flehte sie an, sie möge ihn mit einem Überwurf einhüllen (vgl. Q 73:1), und sie soll ihm versichert haben, er habe wahrhaft einen Engel gesehen und nicht etwa eine Erscheinung des Teufels oder eines Geistwesens gehabt.

Dieser Bericht von der »Nacht der Bestimmung« oder »Nacht der (göttlichen) Macht« (*lailat al-qadr*), in welcher die Offenbarung des Korans begann, liegt in vielen verschiedenen Versionen vor, die sich in manchen Einzelheiten voneinander unterscheiden.

Was sprach Mohammed?

Besonders der Wortlaut der Frage Mohammeds an Gabriel – »Was soll ich vortragen?« (*māḏā aqra'u*) – wird oft als *mā aqra'u* zitiert, was auch bedeuten kann: »Ich kann nicht (*mā*) vortragen«, weil *mā* entweder »was« oder »nicht«, das Verb *qara'a* hingegen sowohl »vortragen, rezitieren« als eben auch »lesen« bedeutet. Dieses Detail ist von einiger Bedeutung, weil die spätere islamische Orthodoxie davon ausging, dass Mohammed weder lesen noch schreiben konnte, weshalb also »Was (*māḏā*) soll ich lesen?« nicht korrekt sein konnte. Heute gilt die Überzeugung, Mohammed sei des Lesens unkundig gewesen, allgemein als unumstößliches Dogma.

Davon abgesehen sind aber die Grundzüge des Beginns der

Offenbarung auf dem Berg Ḥirā' in der Überlieferung unstrittig. Auch gilt Sure 96:1-5 traditionell als die erste koranische Offenbarung, und obwohl der Koran über mehr als 20 Jahre Stück um Stück an Mohammed erging, erwecken doch die zitierten Verse den Eindruck, als sei in dieser Nacht der Koran bereits als ganzes herabgesandt worden. Die »Nacht der Bestimmung« wird in einer der letzten ungeraden Nächte des Ramadans als heiligste Nacht dieses Monats gefeiert: Sie »bedeutet den Einbruch des göttlichen Wortes in die Welt« (Schimmel 2001, S. 96).

»Es ist der Monat Ramadan, in dem der Koran als Rechtleitung für die Menschen herabgesandt wurde«. (Q 2:185)
»Bei der deutlichen Schrift! * Wir [d. h. Gott] sandten sie in einer gesegneten Nacht herab«. (Q 44:2 f.)
»Wir sandten ihn [d. h. den Koran] in der ›Nacht der Bestimmung‹ (*lailat al-qadr*) herab. * Was lässt dich wissen, was die ›Nacht der Bestimmung‹ ist? * Die ›Nacht der Bestimmung‹ ist besser als tausend Monate, * In ihr steigen die Engel und der Geist mit der Erlaubnis ihres Herrn herab, mit jedem Auftrag (?). * Segensheil ist sie bis zum Aufscheinen der Morgenröte«. (Sure 97)

Vision und Offenbarung

Es ist in den Quellen unklar, ob Mohammed nach der ersten Offenbarung in der Folgezeit bald weitere erhielt – so etwa in der Darstellung Ibn Isḥāqs – oder ob sie zunächst ausblieben, was in Mohammed sogar den Verdacht aufkommen ließ, er habe sich getäuscht und sei einer teuflischen Vision zum Opfer gefallen. (Die Problematik, ob eine Vision göttlichen oder nicht vielleicht doch dämonischen bzw. satanischen Ursprungs sei, zieht sich wie ein roter Faden durch die spätere islamische Religionsgeschichte. Mohammed selbst, der über die Jahrhunderte vielen Gläubigen im Traum erschien, wird deshalb folgender Ausspruch zugeschrieben: »Wer mich gesehen hat, der hat mich wirklich gesehen, weil der Teufel meine Gestalt nicht annehmen kann.«) Mohammed wurde sich des göttlichen Ursprungs der Offenbarungen, die ihm zuteil wurden, erst sicher, als er weitere Visionen auf dem Berg Ḥirā' hatte, die ihn davon überzeugten, dass Gott mittels Gabriel zu ihm sprach. Waraqa ibn Naufal, ein Ḥanīf oder Christ und zudem ein Verwandter von Ḫadīǧa, soll ihr aufgrund seiner Kenntnis der biblischen Schriften versichert haben, dass Gott Mohammed wirklich als Propheten erkoren habe.

»Waraqa ibn Naufal, der die (biblischen) Schriften gelesen hatte und von den Leuten der Torah und des Evangeliums gelernt hatte, [...] sprach zu Ḫadīǧa: ›Heilig, heilig! Bei dem, in dessen Hand Waraqas Seele ist! (D. h.: Bei Gott!) Wenn du mir wahrhaft berichtet hast, O Ḫadīǧa, so ist zu ihm das ›Große Gesetz‹ (*an-nāmūs al-akbar*) gekommen, das auch zu Moses kam, und wahrlich, dann ist er der Prophet dieses Volkes! Sag ihm, er soll standhaft sein!‹« (SI, Bd. I, S. 238)

Die Offenbarung wird im islamischen Sprachgebrauch als *waḥy* (»Eingebung«) bezeichnet (vgl. Q 20:114, 21:45). Im Koran wird zwischen der »Herabsendung« (*tanzīl, inzāl*, auch »Herabkunft«, *nuzūl*) der koranischen Offenbarung (vgl. Q 2:174, 176 u. ö.) und der »Eingebung« unterschieden, obwohl doch dasselbe gemeint ist, nämlich die schrittweise »Bekanntmachung« von Gottes Wort. Die Offenbarung erfolgt durch einen Mittler, im Fall Mohammeds der Engel Gabriel, der »ins Herz eingibt« (Q 2:97). Diese direkte Form der Offenbarung garantiert im islamischen Verständnis die Wahrheit der prophetischen Verkündigung (vgl. Q 35:31), denn Mohammed trägt nur vor, was ihm eingegeben wird, und spricht nicht »aus eigener Laune« (Q 53:3 f.).
Mit Mohammeds Offenbarungserlebnis, das Analogien zu Berufungserlebnissen aufweist, wie sie aus anderen Religionen bekannt sind, beginnt sein Wirken als Prophet. Mit seinem ersten öffentlichen Auftreten drei Jahre später setzt die sogenannte »mekkanische Periode« in seinem Leben ein. Gemeint sind damit die Jahre bis 622, die er als Prophet in Mekka predigte. Die während dieser Zeit offenbarten Suren werden dementsprechend als »mekkanische« bezeichnet. Auf die mekkanische Periode folgen die zehn Jahre der »medinensischen« Periode, Mohammeds Wirken in Medina von 622 bis 632.

Blutige Füße: Die mekkanische Periode (613-622)

Drei Jahre lang soll Mohammed nur im engsten Familien- und Freundeskreis von seinen Offenbarungen berichtet und das Wort Gottes verkündet haben; auch war ihm bereits aufgetragen worden, Gott in einem täglichen Ritualgebet zu verehren. Erst 613 trat Mohammed in öffentlicher Predigt auf, als bereits so viele Frauen und Männer den Islam angenommen hatten, »dass die Rede vom Islam in Mekka allgemein wurde und man überall darüber sprach« (SI, Bd. I, S. 240). Gott soll Mohammed deshalb angewiesen haben, nun öffentlich zum Islam aufzurufen. Die islamische Tradition bringt den Beginn der öffentlichen Mission u. a. mit folgendem Koranvers in Verbindung: »Also tu kund, was dir [von Mir = Gott] befohlen ist, und wende dich von den Polytheisten ab!« (Q 15:94) Mohammeds Verkündung in Mekka war jedoch, dem Zeugnis des Korans folgend, meist kein direkter Aufruf, die neue Religion anzunehmen, sondern sie schildert, sprachlich sehr eindringlich und lebhaft, vor allem die Schrecken des Jüngsten Gerichts, die Auferstehung der Leiber und die Allmacht des einen Gottes.

Öffentliches Auftreten

Über die Zeit bis zur öffentlichen Predigt erfahren wir vor allem von Bekehrungen enger Vertrauter Mohammeds: zuerst ʿAlī – was manche Sunniten bis heute bestreiten –, dann Zaid ibn Ḥāriṯa (ein freigelassener Sklave), Abū Bakr (ein Kaufmann und später der erste Kalif), ʿUṯmān (der spätere dritte Kalif), az-Zubair ibn al-ʿAuwām, ʿAbd ar-Raḥmān ibn ʿAuf, Saʿd ibn Abī l-Waqqāṣ und einige andere. Jeder von ihnen sollte sich in der weiteren Geschichte des Islams einen großen Namen machen. Man betete im Geheimen, doch feindlich gesinnte Mekkaner schlichen zu den Gebetsplätzen außerhalb der Stadt und lauerten den Muslimen auf. Als es dann einmal zu einer Auseinandersetzung kam, verletzte Saʿd einen der Polytheisten am Kopf. Dabei wurde, wie es in der Überlieferung heißt, »das erste Blut im Islam vergossen«.

Die ersten Muslime

Die Zeit der öffentlichen Predigt Mohammeds ist vom wachsenden Widerstand der paganen Mekkaner und den Leiden der Muslime (vgl. Q 2:155, 3:186, 60:2) geprägt, und obwohl sich einige weitere Personen – etwa ʿUmar (der spätere zweite

Kalif), Ḥamza (Mohammeds Onkel) und Bilāl (ein schwarzer Sklave) – der neuen Religion anschlossen, gelang es Mohammed nicht, seiner Offenbarung allgemeines Gehör und den von ihm verkündeten Geboten Gottes allgemeine Anerkennung zu verschaffen. Vieles berichten uns die Quellen über die Feindseligkeit, mit der die Mekkaner Mohammed und seine kleine Gemeinde verfolgt, ja oft auch misshandelt haben sollen: Muslime wurden eingesperrt, geschlagen, in der Mittagshitze im Freien auf dem Boden festgebunden; die Mekkaner boykottierten ihren Handel und verboten, sie zu heiraten. Einige Muslime gaben ihren Glauben wieder auf, obwohl sich die Sippe der Banū Hāšim unter Führung von Mohammeds Onkel Abū Ṭālib – der nicht zum Islam konvertiert war – aus Solidarität standhaft bemühte, Mohammed und seine Gefährten in Schutz zu nehmen. Der Druck auf die Muslime in Mekka war so stark, dass etwas mehr als 80 Personen samt ihren Kindern ins christliche Äthiopien auswanderten (vgl. Q 16:41), um weiteren Nachstellungen zu entgehen.

Verfolgung in Mekka

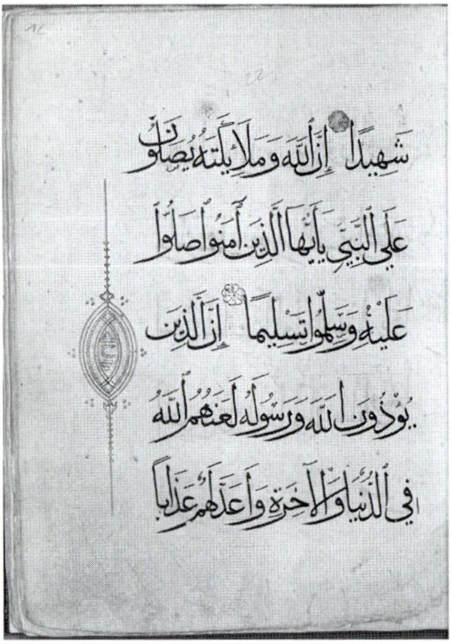

Eine Seite aus einer Koranhandschrift (Ägypten, 13. Jh.)

Mohammed, der in Mekka unermüdlich gegen den Polytheismus predigte, die Lehren von Gottes neuer Offenbarung verkündete und den kruden Materialismus der Mekkaner anprangerte (vgl. Q 89:17-20, 104:1-3), wurde selbst verlacht, beschimpft und, als er bei der Kaaba beten wollte, geschlagen und mit Steinen beworfen. Als er aus Verzweiflung über die Bewohner seiner Heimatstadt eines Tages ins südöstlich Mekka gelegene Ṭā'if gegangen war, um dort Anhänger zu finden, wurde er ebenfalls verjagt; man warf ihm Steine hinterher, bis ihm die Füße bluteten. Einem Koranvers – »Fast hätten sie dich in Versuchung geführt und abspenstig gemacht von dem, was Wir dir offenbart haben, auf dass du dir etwas über Uns ausdenkst, was Uns nicht zukommt; dann hätten sie dich gewiss zum Freund genommen!« (Q 17:73) – kann man entnehmen, dass Mohammed sogar fürchtete, er könnte den Anfeindungen erliegen und aus Furcht nicht länger wahrhaft kundtun, was ihm Gott aufgetragen hatte.

Insgesamt wird uns die mekkanische Periode in Mohammeds Leben als eine Zeit der Mühsal und der Entbehrung geschildert, in welcher ihm kein wirklicher Erfolg beschieden war. Es sind aber besonders zwei Ereignisse dieser Zeit, die im kollektiven Gedächtnis der Muslime bis heute besonders präsent und auch für die fromme Bilderwelt des Islams sehr wichtig sind: die wunderbare Spaltung des Mondes und die Nacht- und Himmelsreise Mohammeds.

Mondspaltung und Himmelsreise

Die zeitweilige Spaltung des Mondes in zwei Hälften, worauf sich der islamischen Tradition zufolge auch der Koranvers 54:1 beziehen soll, ist eines der Beglaubigungswunder, mit welchem durch Gottes Wirken den ungläubigen Mekkanern die Wahrhaftigkeit Mohammeds vor Augen geführt werden sollte. Sie ist zugleich das einzige in der Überlieferung berichtete Himmelswunder.

Die Nachtreise (*al-isrā'*) und anschließende Himmelsreise (*al-mi'rāǧ*) ist das bekannteste aller wunderhaften Ereignisse im

»Die Leute Mekkas fragten den Gottgesandten, ob er sie ein [Wunder]zeichen sehen lasse, und so ließ er sie den Mond in zwei Hälften [gespalten] sehen, bis sie [den Berg] Ḥirā' zwischen den beiden [Hälften] sahen.« (Nach Anas ibn Mālik, zitiert im *Ṣaḥīḥ* al-Buḫārīs)

»Der Mond spaltete sich in Mekka, bis er in zwei Hälften geteilt war. Die Ungläubigen unter den Leuten Mekkas sagten: ›Ibn Abī Kabša [d. h. Mohammed] hat euch mit einem Zauber behext! Fragt also die [ankommenden] Reisenden: Wenn sie auch gesehen haben, was ihr saht, dann ist Mohammed wahrhaftig; wenn sie aber nicht gesehen haben, was ihr saht, dann war es ein Zauber, der euch verhext hat.‹ So wurden also die Reisenden befragt, die aus allen Richtungen ankamen, und sie sagten, sie hätten es auch gesehen«. (Nach Ibn Mas'ūd; zit. n. al-Baihaqī 1988, Bd. II, S. 266 f.)

Leben des Propheten. Sie wurde sehr früh in Europa bekannt und ist in der islamischen Welt eine der am häufigsten bildlich dargestellten Episoden aus dem Leben Mohammeds. Koranische Anknüpfungspunkte sind für die Nachtreise der erste Vers von Sure 17, für die Himmelsreise Q 53:1-18, doch fast alle Details dessen, was sich ereignet haben soll, entstammen der Überlieferung, nicht dem Koran; in späteren Jahrhunderten entstanden umfangreiche Schriften, die der Darstellung von Nacht- und Himmelsreise gewidmet sind. Die meisten muslimischen Gelehrten waren immer der Ansicht, es habe sich bei den »Reisen« um eine an Mohammed ergangene Vision gehandelt (vgl. Q 17:60), doch andere waren und sind der Ansicht, sie hätten sich *realiter* zugetragen.

Auf der Nachtreise, so wird erzählt, wurde Mohammed von Mekka zur »Fernsten Moschee« (*al-masǧid al-aqṣā*: Q 17:1) gebracht, die die islamische Tradition mit der gleichnamigen (wenn auch später errichteten) Moschee auf dem Tempelberg in Jerusalem identifiziert. Westliche Forscher vermuteten, es sei eher die »himmlische« Kaaba gemeint, die dem irdischen Bau in Mekka am Himmelspol gegenübersteht und in der späteren islamischen Kosmologie eine große Rolle spielt. Wie dem auch sei: Mohammed wurde in Begleitung von Gabriel

Burāq

auf dem geflügelten weißen Reittier namens Burāq nach Jerusalem »geflogen«. Burāq, ein Wesen halb Maultier, halb Esel mit einem Menschenkopf, ist das meistdargestellte Tier in der islamischen Volkskunst. In Jerusalem wurde Mohammed in die Gesellschaft der biblischen Propheten – Abraham, Moses, Jesus und vieler anderer – geführt, mit denen er betete. Als er dann auf eine Probe gestellt wird und diese besteht – anstatt des ebenfalls angebotenen Weins greift Mohammed zur Milch –, wird er als Prophet bestätigt. Dieser Bericht ist, wie schon die Episode der »Brustöffnung«, ein Initiationsbericht. Das vorherrschende Motiv ist hier Mohammeds Aufnahme in die Reihe der biblischen Propheten, wodurch nicht nur er

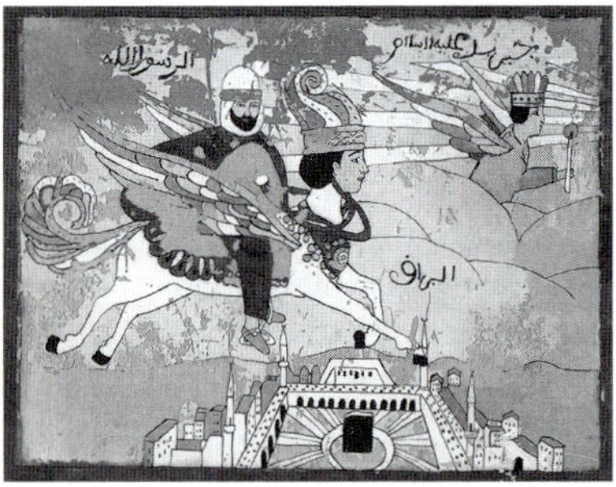

Eine zeitgenössische Darstellung der Nachtreise aus dem Senegal

Mohammeds »Abreise« von Mekka in einer Handschrift des 15. Jhs.

selbst, sondern der von ihm verkündete Glaube als Fortsetzung der jüdisch-christlichen Tradition bestimmt und bestätigt wird.

Die anschließende Himmelreise – Mohammeds »Aufstieg« (*miʿrāǧ*) zu Gott – beginnt in Jerusalem. Die fromme islamische Tradition glaubt auf dem Felsen unter der Kuppel des Felsendoms den Fußabdruck Mohammeds zu erkennen, den er hinterließ, bevor er von dort die Leiter (vgl. Q 6:35) hinaufstieg, die Gabriel bereitgestellt hatte. Gabriel folgend, der wie Vergil in Dantes *Göttlicher Komödie* als kundiger Führer dient, durchreist Mohammed dann die sieben Himmel (vgl. Q 2:29,

Jerusalem

23:86), bevor er das Paradies betritt. Er trifft in den Himmelskreisen erneut auf die biblischen Propheten und begegnet noch weiteren Personen. Ob und in welcher Weise sich Mohammed schließlich Gott selbst genähert habe (vgl. Q 53:8 f.) oder Seiner gar ansichtig geworden sei, wird nur in wenigen Beschreibungen vage angedeutet. Die meisten muslimischen Gelehrten lehnen die Möglichkeit einer direkten Gottesschau ab.

Exil und Neuanfang: Die medinensische Periode (622-632)

In den Jahren vor 622 war aufgrund des Widerstands, den die tonangebenden Sippen Mekkas leisteten, die Lage Mohammeds und seiner Anhänger immer schwieriger geworden. Der Tod seiner Frau Ḫadīǧa und seines Onkels Abū Ṭālib, die ihre schützenden Hände über ihn gehalten hatten, verschärfte im Jahr 619 die Situation, weshalb sich Mohammed gezwungen sah, anderswo Unterstützung zu finden, am besten im Rahmen eines tribalen Schutzbündnisses (*ḥilf*).

Während der alljährlichen Märkte, die zur Wallfahrtszeit in und um Mekka stattfanden, hatten sich Kontakte zwischen Mohammed und den in Medina ansässigen Stämmen der Aus und Ḫazraǧ ergeben. Danach kam es 621 und 622 in ʿAqaba nördlich von Mekka – nicht zu verwechseln mit dem gleichnamigen Ort am Roten Meer! – zu zwei Treffen zwischen Mohammed und Abgesandten aus Medina, die ihm jeweils eine Huldigung (*baiʿa*) leisteten. (Diese Form der Anerkennung sollte in der islamischen Geschichte auch zum Vorbild der Huldigung werden, mit der zunächst die Kalifen und später auch andere Machthaber in ihr Amt eingesetzt wurden.) Tatsächlich unterstellte sich wohl auch Mohammed seinerseits dem medinensischen Stamm der Ḫazraǧ und gab damit seine mekkanischen Bindungen auf, weil die Medinenser ihm zusagten, für sein Leben einzustehen und, falls nötig, dafür Blutrache zu nehmen. Bei dem zweiten Treffen tat Mohammed kund, Gott habe ihm und den Muslimen gestattet, sich in Zukunft gegen alle Anfeindungen zur Wehr zu setzen, was den Gebrauch aller kriegerischen Mittel einschloss (vgl. Q 2:193, 22:39 f.). Die Zeit des Erduldens war vorüber.

Die islamische Überlieferung berichtet, die Verbindung mit Mohammed sei für die Araber Medinas vorteilhaft gewesen, weil Medina seit Jahren von Stammesfehden zerrüttet wurde und die Stämme Aus und Ḫazraǧ unter der dortigen Vormacht der arabisch-jüdischen Stämme litten. Die starke Präsenz von Juden in Medina sei auch der Grund dafür gewesen, warum die Polytheisten Medinas schon lange von dem »neuen« Propheten Mekkas gehört hatten, den die Juden teils fürchteten, teils verachteten, der den Aus und Ḫazraǧ aber gerade deshalb bald als die geeignete Person erschien, ihre Position in Medina zu stärken.

Nach dem zweiten Treffen in ʿAqaba schickt Mohammed die Muslime Mekkas nach Medina, wo die neuen Verbündeten ihnen Aufnahme zugesagt haben. Von diesem Zeitpunkt an werden die medinensischen Muslime »Helfer« (auch »Siegbringer«: *anṣār*), die mekkanischen Muslime hingegen »Emigranten« (oder »Auswanderer«: *muhāǧirūn*) genannt (vgl. Q 3:195, 16:41). Besonders der Titel *Anṣār* hat bis heute große Bedeutung im Islam, und wenn sich eine islamistische Widerstandsgruppe *Anṣār al-Islām* (»Helfer [der Sache] des Islams«) nennt, so stellt sie sich damit den Arabern Medinas gleich, die einst Mohammed halfen, als er sonst keinen Schutz und keine Verbündeten fand.

Al-Anṣār

Als die Mekkaner angesichts der neuen Verbündeten Mohammeds einen Anschlag auf dessen Leben planen, muss er selbst Hals über Kopf aus seiner Heimatstadt nach Medina fliehen. Noch berühmter als die Verschwörung der Mekkaner ist in der islamischen Tradition die Episode von Mohammeds *hiǧra* (»Emigration, Auswanderung«) nach Medina, die in späteren Fassungen legendenhaft ausgeschmückt ist: ʿAlī legt sich in Mohammeds Umhang in dessen Bett schlafen, so dass die Mörder glauben, Mohammed befinde sich noch in der Stadt; Mohammed selbst, der Mekka schon verlassen hatte, hält sich zusammen mit Abū Bakr drei Tage lang in einer Höhle im Süden der Stadt versteckt. Als einige Mekkaner zum Eingang der Höhle kommen, treten sie jedoch nicht ein und ziehen bald wieder von dannen. Mohammed und Abū Bakr entdecken, dass über Nacht eine Akazie neben der Höhle emporgewach-

Zeitgenössische Darstellung der Höhlen-Episode aus dem Senegal

sen ist und eine Spinne ihr Netz quer über den Eingang gesponnen hat. Auf diese Weise wunderhaft gerettet, machen sich Mohammed und Abū Bakr schließlich auf zwei Reitkamelen auf den langen Weg nach Medina – etwa 400 km, aber sie nehmen einen weiten Umweg. Der Überlieferung zufolge kamen sie dort an einem Montag im September 622 an, nachdem sie Mekka schon Mitte Juli verlassen hatten.

Hiǧra Die *hiǧra* Mohammeds ist neben dem Berufungserlebnis *das* einschneidende Ereignis in seinem Leben. Dass es auch die Muslime so bewerteten, belegt die Tatsache, dass der Tag von Mohammeds Abreise aus Mekka (und nach anderen Berichten tatsächlich bereits der Tag seiner Ankunft in Medina!), der 16. Juli 622, zum ersten Tag des ersten Monats des später eingeführten islamischen Mondkalenders erklärt wurde. Dabei ist Mohammeds *hiǧra* vor allem als symbolische Handlung wirksam geworden: Sie bedeutet einen Neuanfang, mit ihr beginnt die »medinensische«, die »erfolgreiche« Periode in seinem Leben. Zugleich geben er und seine Anhänger alles auf, was sie besitzen, weil ihnen der Gehorsam gegenüber Gott wichtiger ist als materielle Güter und familiäre Bindungen. Als Motiv des »Alles-hinter-Sich-Lassens« ist die *hiǧra* in der islamischen Welt bis zum heutigen Tag wichtig: Jeder, der gegen eine vermeintlich gottlose Gesellschaft rebelliert und sich aus ihr zurückzieht, unternimmt eine *hiǧra*, trennt sich wie

Mohammed von seinen Bindungen und geht ins Exil, wenn es der Sache Gottes dient.

Die *hiǧra* stellt die größte Herausforderung für jeden modernen Biographen Mohammeds dar, denn in der Gesamtschau markiert sie den deutlichen Kontrast zwischen seiner Zeit in Mekka und seinem Wirken in Medina: Mit dem programmatischen Untertitel »Prophet und Staatsmann« versah deshalb W. M. Watt seine zuerst 1961 erschienene Mohammedbiographie. Und tatsächlich kommt hierin die Problematik gut zum Ausdruck: In Mekka tritt Mohammed als Prediger auf, kann jedoch nur wenige Anhänger gewinnen und leidet unter den Anfeindungen der Mekkaner. Schließlich ist seine Situation so prekär, dass ihm nur der Fortgang bleibt. In Medina ist seine Position von Anfang an mehr oder weniger gesichert, die meisten Einwohner treten bald zum Islam über; die militärischen Bemühungen der Mekkaner, der jungen islamischen Gemeinde den Garaus zu machen, können vereitelt werden. Schließlich gelingt es, Mekka einzunehmen, und kurz vor Mohammeds Tod sind nicht nur der Hedschas, sondern weite Teile der arabischen Halbinsel islamisches Gebiet, und die meisten Stämme haben sich dem Propheten unterworfen.

Mekkanische und medinensische Offenbarungen

Der Koran reflektiert diese Dichotomie, sofern man die traditionelle Datierung der einzelnen Textabschnitte als mekkanische und medinensische akzeptiert: Die mekkanischen Offenbarungen sind mitreißend, bildhaft, sprachgewaltig, sie warnen vor Höllenqualen und verheißen Paradiesesfreuden, sie künden von der Allmacht Gottes und Seinem Gericht. Die medinensischen Offenbarungen hingegen sind oft sehr sachlich und geben Vorschriften für Ritual und Gesetz, sogar tagespolitische Fragen werden verhandelt. In Ausdruckskraft und rhetorischem Elan sind sie den mekkanischen Suren nur selten vergleichbar; oft wird nicht mehr appelliert, sondern argumentiert, diskutiert oder angeordnet.

Es ist schwierig, die Lebensabschnitte Mohammeds in einen schlüssigen biographischen Kontext zu stellen. Zwar ist es richtig, dass sein Wirken in Mekka inhaltlich vieles vorwegnimmt, was in Medina Gestalt gewinnen sollte, so dass es auf der religiösen Ebene zu keinem wirklichen Bruch kam: Mohammed war Verkünder einer neuen Offenbarung vor und nach der *hiǧra*. Die Art und Weise jedoch, wie er mit den jeweiligen Gegebenheiten in Mekka und Medina umging, sind sehr verschieden. Westliche Biographen, denen an einer inneren (wenn auch oft zu psychologisierenden) Entwicklungsgeschichte Mohammeds gelegen war, beklagten deshalb, man könne angesichts dieser Situation nur schwer ein Bild von ihm zeichnen, das auf der menschlichen bzw. persönlichen Ebene stimmig ist.

»Er hatte schon lange eingesehen, daß seine Wirksamkeit in seiner Vaterstadt vergeblich war, und hatte daher frühe Verbindung mit den arabischen Stämmen gesucht [...]. Diese Tatsache zeigt ferner, wie falsch die übliche Vorstellung ist, Mohammed sei in Mekka nur als ein frommer Verkünder mit einem rein religiösen Programm ohne alle politischen und sozialen Nebengedanken aufgetreten [...]. In Wahrheit konnte sich Mohammed kaum eine religiöse Gemeinschaft denken, ohne sie sich als ein soziales und politisches Ganzes vorzustellen.« (Tor Andrae über Mohammeds Lebensweg; Andrae 1932, S. 108)

Nicht zuletzt beginnt mit der medinensischen Periode auch die eigentliche historische Problematik. Vieles, was uns in den Quellen über die mekkanische Zeit berichtet wird, ist nicht gesichert. Alles Wunderhafte wird aus der westlichen Sicht ohnehin als spätere Zutat oder Uminterpretation von Ereignissen gesehen und folglich »ausgeschieden«, mögen auch die legendenhaften Züge von größter Wichtigkeit für die Glaubensgeschichte des Islams sein. Die Faktizität der Geschehnisse in Mekka ist aber weniger relevant, wie auch die Muslime seit jeher betont haben, weil fast alles, was den Islam in rechtlicher, politischer und gesellschaftlicher Hinsicht ausmacht, erst in der medinensischen Periode Form annimmt: die rituellen Handlungen (Fasten, Pilgerfahrt usw.), die Armengabe (*zakāh*), das Erb- und Familienrecht.

Vielleicht liegt aber gerade in den verschiedenen Lebensabschnitten Mohammeds und dem Auf und Ab seiner Existenz das Geheimnis seiner außerordentlichen Wirkung auf viele

Menschen: Er lebte im Elend und erlebte den Triumph; er wurde beschimpft und mit Steinen beworfen, doch gegen Ende seine Lebens kamen Delegationen aus allen Ecken Arabiens zu ihm und meldeten die Unterwerfung ihrer Stämme.

Eine Gemeinde, ein Glaube

Mohammed verlor keine Zeit, nachdem er in Medina angekommen war: Im südlich gelegenen Viertel Qubā' errichtete er eine erste Moschee, auf einem anderen, ihm überlassenen Grundstück baute er ein Haus. Den Konflikt unter den Stämmen Medinas versuchte er zu entschärfen, indem er die sogenannte »Gemeindeordnung« erließ, in der allen Stämmen Rechte und Pflichten auferlegt und die Beziehungen der mekkanischen Neuankömmlinge mit den medinensischen »Helfern« geregelt wurden; auch die jüdischen Stämme wurden explizit berücksichtigt. Die westliche Forschung hält den Text des Dokuments – oder vielmehr die Texte, aus denen es in späterer Zeit wohl zusammengestellt wurde – für authentisch, und so steht am Anfang der *umma*, der islamischen »Gemeinschaft« oder »Nation« (vgl. Q 2:128, 7:181), zunächst eine Stammeskonföderation.

»Gemeindeordnung«

Medina, das mit dem vorislamischen Namen auch »Yaṯrib« (vgl. Q 33:13) genannt wird, war abgesehen von der Stammesorganisation seiner Einwohner sehr verschieden von Mekka: keine eng gebaute, zwischen Bergen eingezwängte Handelsstadt mit einem bedeutenden paganen Kultzentrum, sondern eine offene und in einzelne, zum Teil ummauerte Viertel aufgefächerte Oasensiedlung mit vielen Gärten, die in einer von dunklen Lavafeldern und flachen Wadis durchzogenen Ebene liegt; Städte von ähnlicher Struktur sind heute noch im Jemen zu finden. Medina wurde außerdem nicht von den paganen Arabern dominiert, sondern von den Juden, die auch den örtlichen Markt ausrichteten.

Zwei grundsätzliche Konflikte kennzeichnen Mohammeds Wirken in Medina: die Opposition der Juden innerhalb der Stadt und die kriegerische Auseinandersetzung mit den Polytheisten Mekkas. Aus beiden Konflikten ging die islamische Gemeinde schließlich siegreich hervor. Christen, die im Hed-

Eine heutige Ortschaft im Jemen

schas weitaus weniger zahlreich waren als die Juden, kamen erst während der letzten Lebensjahre Mohammeds mit den Muslimen in Konflikt, als diese in nordarabische und südsyrische Städte (Mu'ta, Tabūk, Dūmat al-Ǧandal) einzogen, doch kam es dort schnell zu vertraglichen Regelungen. Dasselbe gilt von den nomadisch oder halbnomadisch lebenden Stämmen im Hedschas, den »Wüstenarabern« (*aʿrāb*), die sich der Sache Mohammeds lange nicht anschließen wollten und deren Engagement für den Islam gering war (vgl. Q 9:97-99, 48:11, 16). Eine besondere Gruppe waren schließlich die sogenannten »Heuchler« (*munāfiqūn*) in Medina, meist jüdische Konvertiten, die den Islam innerlich ablehnten (vgl. Q 59:11 f., 63:1-8). Ihre genaue Rolle innerhalb der medinensischen Gesellschaft und ihr Einfluss auf den Gang der Ereignisse ist aus den Quellen nur schwer zu rekonstruieren.

Opposition in Medina

Die Juden Medinas opponierten gegen Mohammed vor allem aus theologischen Gründen, da sie ihn nicht als Gottgesandten anerkennen konnten und wollten. Der Koran enthält zahlreiche Belege, die von der religiösen Auseinandersetzung des Propheten mit den Juden handeln. Die islamische Überlieferung berichtet von seinen Versuchen, die Juden in seine Gemeinde zu integrieren, was allerdings bedeutete, dass sie zum Islam überzutreten hatten. Der Weg führte, da keine Seite nachgeben wollte, in den Konflikt: »Ihr Gläubigen! Nehmt nicht die Juden und Christen zu Freunden! Sie sind sich unter-

»Mir wurde befohlen, die Leute zu bekämpfen, bis sie bekennen, dass es keinen Gott gibt außer Gott und dass Mohammed der Gesandte Gottes ist, und bis sie das Gebet verrichten und die Armengabe leisten. Wenn sie das tun, dann sind ihr Blut und ihr Besitz vor mir gefeit – außer in den Fällen, in denen es einen Rechtsanspruch nach [den Gesetzen des] Islams gibt – und sie müssen mit Gott, dem Erhabenen, abrechnen.« (Eine Aussage Mohammeds, überliefert von Ibn 'Umar)

einander freund, und wer von euch sie zu Freunden nimmt, ist einer von ihnen!« (Q 5:51) Bald war daher auch die Koexistenz von Juden und Muslimen in Medina nicht länger möglich.

Das Schicksal der Juden Medinas wird von vielen modernen Beobachtern als der schwärzeste Punkt in Mohammeds Leben beurteilt. Zwar liegen in der islamischen Überlieferung zahlreiche, sich teils widersprechende oder gegenseitig ausschließende Berichte vor, ob und inwiefern die Juden trotz »Gemeindeordnung« und trotz geschlossener Verträge bald begannen, gegen Mohammed zu intrigieren, die Mekkaner zum Kampf gegen die Muslime anzustacheln oder selbst Pläne zur Ermordung des Propheten zu schmieden, doch war die Reaktion Mohammeds außerordentlich harsch. In den Jahren 624 bis 627 kam es dann, der traditionellen Darstellung folgend, zu Konflikten mit den drei großen jüdischen Stämmen Medinas – den Banū Qainuqāʿ, Banū n-Naḍīr und Banū Quraiẓa –, wobei die ersten beiden Stämme aus Medina vertrieben wurden. Schon die Banū Qainuqāʿ ließ Mohammed nur ziehen, weil deren vormalige Verbündete unter den medinensischen »Helfern« sich für sie einsetzten. Im Fall der Banū Quraiẓa wurden die Männer des Stammes hingerichtet, die Frauen und Kinder als Sklaven verkauft. Einige Koranverse (Q 33:26 f., 59:1-15) werden von den Kommentatoren mit diesen Episoden in Zusammenhang gebracht.

Teil des Konflikts mit den Juden ist auch die Ermordung mehrerer Juden, die Mohammed zumindest nachträglich für statthaft, wenn nicht für nötig befand. Unter den Getöteten befanden sich Kaʿb ibn al-Ašraf, der Mohammed in Gedichten geschmäht hatte – was in der altarabischen Stammeskultur die schlimmstmögliche, weil wirksamste Form der Beleidigung war –, und weitere Personen wie z. B. Yusaiyir und Ibn Abī l-Ḥuqaiq. Im Jahr 628 wandten sich die Muslime gegen die Stadt Ḫaibar, eine Oasensiedlung vergleichbar Medina, die mehrheitlich von arabischen Juden besiedelt war. Diese standen mit ihren Glaubensgenossen in Medina in engem Kontakt und sollen sie auch in deren Widerstand ermuntert haben. Die Muslime belagerten die Stadt und konnten sie schließlich einnehmen; die Bewohner wurden vertrieben, das Land unter den Muslimen aufgeteilt. Anderen Darstellungen zufolge durften die Juden unter der Bedingung, die Kopfsteuer (*ǧizya*) zu bezahlen, in Ḫaibar bleiben. Ob die Juden auch aus weiter nördlich gelegenen Orten (Fadak, Wādī l-Qurā) vertrieben wurden oder nicht, ist unklar. Die Hadithüberlieferung besagt jedoch, im Hedschas hätten zum Zeitpunkt von Mohammeds Tod keine Juden oder Christen mehr gelebt. Tatsächlich ist auf der arabischen Halbinsel später nur das Judentum im Jemen historisch belegt, das allerdings bis ins 20. Jahrhundert eine wichtige Rolle in der südarabischen Kultur spielte.

Betrachtet man Mohammeds Vorgehen gegen die arabischen Juden als Etappen hin zur Konsolidierung einer unangefochtenen islamischen Herrschaft, so mag es machtpolitisch sinnvoll erscheinen, insofern man dem Kampf um Herrschaft und Dominanz, der die Menschheitsgeschichte unheilvoll begleitet, etwas Sinnvolles zubilligen will. Aber aus heutiger Sicht ist es mit dem Wirken eines Religionsstifters oder einer Person, die sich bei ihrem Tun auf Gott beruft, nicht vereinbar, wenn Gewalt zum Mittel wird. Doch liegt hierin die besondere Tragik des Islams, die auch die gegenwärtige Situation nachhaltig prägt: Die islamische Geschichte ist bis in die Neuzeit im Allgemeinen nicht durch Judenfeindlichkeit gekennzeichnet, obwohl die Rhetorik des Korans – wie im Übrigen auch das Alte oder Neue Testament – dafür Schlagworte liefern kann. Im Gegenteil war die Lage der Juden in der islamischen Welt meist eine günstige, und viele jüdische Gemeinden von Marokko bis ins Innere Irans florierten über die Jahrhunderte. Häufig verwiesen die Muslime auf die Glaubensfreiheit, welche im Islam möglich sei (vgl. Q 2:256, 10:99).

Konsequenzen in der Moderne

Insgesamt besteht in dieser Frage ein augenfälliger Kontrast zwischen der späteren historischen Wirklichkeit in der islamischen Welt und den Ereignissen während der medinensischen Periode Mohammeds. Große ideologische Wirkung entfalteten die berichteten Geschehnisse erst im 20. Jahrhundert, nachdem die Auseinandersetzung der Araber mit dem Staat Israel Mohammeds Vorgehen gegen die Juden neue Symbolkraft verliehen hat. Tatsächlich dient nun das als exemplarisch wahrgenommene Verhalten Mohammeds der Untermauerung einer in radikal-islamischen Kreisen oft herrschenden Judenfeindlichkeit, was umso bedenklicher ist, als sich viele islamistische Gruppen – namentlich die »Salafisten«, die sich an den *salaf*, den »Vorvätern« zur Zeit Mohammeds und kurz danach, orientieren – mit allen Kräften bemühen, die historische Realität des Lebens im Islam gegen einen vermeintlich »originären«, »allein seligmachenden« Ur-Islam zur Zeit des Propheten auszuspielen. Es ist auch bezeichnend, dass man im Westen über tausend Jahre hinweg nicht Mohammeds Behandlung der Juden, sondern die Zahl seiner Ehefrauen und die angebliche sexuelle Gier in den Mittelpunkt stellte, was heute nur noch für wenige ein relevanter Gesichtspunkt ist.

Auf dem Weg zur Rückkehr

Mohammeds Haltung gegenüber den Polytheisten Mekkas war, solange er noch in Mekka lebte, davon geprägt, dass er geduldig die Anfeindungen ertrug (vgl. Q 16:129), sich von ihnen abkehrte und auf Gott vertraute (vgl. Q 6:66-70, 13:43, 15:89-99). Allerdings hielt er den Mekkanern »Straflegenden« entgegen, wie nämlich Gott schon in früherer Zeit die Völker bestrafte, die ihre Propheten nicht anerkannt oder verfolgt hatten (vgl. Q 54:9-44, 79:17-28, 89:6-14).
In Medina standen die Dinge anders. Die anhaltende Feindschaft der Mekkaner wurde nun nicht länger ertragen, sondern beantwortet, auch mit kriegerischen Mitteln. Die Durchsetzung des Islams war nicht länger allein die Sache Gottes, sondern die Sache aller Gläubigen (vgl. Q 9:123), mit Mohammed an ihrer Spitze (vgl. Q 9:73).
In den Jahren 624 bis 629 kam es zwischen den Mekkanern

und ihren Verbündeten und den Muslimen zu mehreren Scharmützeln und größeren Schlachten. In der Überlieferung werden diese kriegerischen Vorfälle für gewöhnlich mit dem Sammelbegriff *maġāzī*, »Kriegszüge« oder »Militäraktionen«, bezeichnet. Die *maġāzī* sind in den Quellen mit vielen Details, großer Erzählfreude und stilistischen Anleihen bei den altarabischen Schlachtenerzählungen, den sogenannten *aiyām al-ʿArab*, »den [Kampf-]tagen der arabischen Stämme«, geschildert. Hinterhältigkeit und Grausamkeit der Mekkaner werden ebenso herausgestellt wie der Mut und die Leidensfähigkeit der muslimischen Streiter; die Waffen, die Banner und die Reittiere Mohammeds und seiner Anhänger werden eingehend beschrieben. Lange Listen der muslimischen Gefallenen mit Informationen zu Abstammung und Stammeszugehörigkeit finden sich schon in den ältesten bekannten Quellen, denn für die Nachfahren der Gefallenen, die später in Syrien, im Iran oder in Andalusien lebten, waren die getöteten Vorfahren einerseits stolze Erinnerung und ein Beweis, dass ihre Familie schon zur Zeit des Propheten den Einsatz für den Islam nicht gescheut hatte, andererseits ein »symbolisches Kapital«, das ihnen Einfluss in der Gesellschaft bringen konnte. (Obwohl in der islamischen Welt das Konzept des Geburtsadels unbekannt ist, entwickelte sich in den späteren Jahrhunderten doch eine Art Adelsschicht, deren Hauptkriterium die Abstammung von Mohammed oder einem seiner verdienten Gefährten war.)

»Kampftage«, vgl. S. 82

Vgl. S. 82 f.

»Wer durch seine [schlechten] Taten [auf dem Weg ins Paradies] verlangsamt ist, den wird seine Abstammung nicht schneller dorthin bringen.« (Mohammed über den Geburtsadel; zit. n. der Hadith-Sammlung von Muslim, 9. Jahrhundert)

An fast allen kleineren Kriegszügen war Mohammed nicht selbst beteiligt, sondern sandte sie unter dem Kommando seiner Vertrauten aus. Beteiligt war er freilich an den drei großen Auseinandersetzungen, welche letztlich über das Schicksal seiner Gemeinde in Medina entschieden haben – die folgenden Angaben übernehmen die traditionelle Datierung, obwohl die Chronologie der Ereignisse auch in der medinensischen Periode Mohammeds nicht wirklich gesichert ist:

Die erste dieser Auseinandersetzungen findet im Frühjahr

624 statt, als sich aus dem Norden eine mekkanische Handelskarawane nähert. Sie steht unter der Führung Abū Sufyāns, einem der unversöhnlichsten Gegner Mohammeds, und die Muslime beschließen, sie zu überfallen. Die mekkanischen Quraiš entsenden jedoch eine Streitmacht, um ihre Handelswaren zu beschützen, und beim Brunnen von Badr, einem Marktplatz mehr als 100 km südlich von Medina, treffen Muslime und Mekkaner aufeinander. In einem erbitterten Kampf gewinnen die Muslime die Oberhand, und die islamische Tradition berichtet mit Verweis auf mehrere Koranverse (Q 3:123, 8:17), dass der Sieg nur mit göttlichem Beistand errungen werden konnte. Der Erfolg sicherte den Fortbestand der islamischen Gemeinde und ermöglichte Mohammed auch ein entschiedeneres Auftreten gegenüber den Juden und »Heuchlern« in Medina.

Badr

Die zweite Auseinandersetzung wird im Frühjahr 625 durch die Mekkaner heraufbeschworen, die eine Expedition gegen die Muslime ausrüsten, weil sie nach der Schlappe bei Badr auf Rache sinnen. Es kommt deshalb beim Berg Uḥud nördlich von Medina zu einem Kampf, der lange hin und her wogt, bis der Ruf ertönt, Mohammed sei gefallen. Die Muslime reagieren panisch und ziehen sich zurück, wobei viele den nachdrängenden Mekkanern zum Opfer fallen; Mohammed selbst wird verwundet. Die Niederlage der Muslime bei Uḥud ist das Gegenstück zum Triumph von Badr.

Uḥud

Als Tag des Unglücks ist »Uḥud« im kollektiven Gedächtnis der Muslime stärker präsent als der vorangegangene Sieg bei Badr, und auch in den Prophetenbiographien wird der Kampftag bei Uḥud ausführlicher geschildert als die Schlacht von Badr: Dem bitteren Ausgang entspricht dabei die drastische Erzählung dessen, was sich vor und nach dem Kampf zutrug. Die wohl bekannteste Episode von Uḥud betrifft den Tod von Mohammeds Onkel Ḥamza und die anschließende Verstümmelung seiner Leiche durch Hind, die Tochter ʿUtbas. Hind war mit dem mekkanischen Anführer Abū Sufyān verheiratet und somit Mutter des späteren ersten Kalifen der Umaiyaden (661-750), Muʿāwiya ibn Abī Sufyān (reg. 661-80). In der Schlacht von Badr hatte sie ihren Vater ʿUtba verloren, und

»Die Muslime hatten keine Deckung mehr, so dass der Feind unter ihnen wütete; es war ein Tag der Heimsuchung und der Prüfung [...]. Schließlich drang der Feind bis zum Gottgesandten vor, und er wurde von einem Stein getroffen, so dass er auf die Seite fiel. Er verlor einen Schneidezahn, wurde am Kopf getroffen und an der Lippe verletzt.«

»Hind bint ʿUtba begann mit den anderen Frauen, die gefallenen Prophetengefährten zu verstümmeln, indem sie ihnen Ohren und Nasen abschnitten, ja Hind machte mit den Ohren der Männer Fußkettchen und Halsbänder [...]. Dem Ḥamza schnitt sie die Leber heraus und kaute sie, konnte sie aber nicht hinunterschlingen und warf sie weg. Dann stieg sie auf einen hochragenden Felsen und rief mit ganz lauter Stimme aus: *Wir haben euch den Tag von Badr heimgezahlt, denn jeder Krieg entfacht noch einen schlimmern Krieg!*« (Aus der Beschreibung der Schlacht von Uḥud in der Prophetenbiographie von Ibn Isḥāq; SI, Bd. III, S. 84 u. 96 f.)

so zog sie 625 mit den mekkanischen Kämpfern aus, um diese während der Schlacht anzufeuern.

Im Frühjahr 627 kommt es in Medina zur dritten Auseinandersetzung, dem sogenannten »Grabenkrieg«. Man hat ihn später so benannt, weil die Muslime einen Graben um die Stadt ausgehoben hatten, als eine mekkanische Streitmacht gegen Medina erneut ins Feld zog. Diesmal wurde jedoch kaum gekämpft, und nach einer mehrwöchigen Belagerung gaben die Mekkaner auf. Die Episode ist auch als Konflikt mit den »Parteiungen« oder »Alliierten« (*aḥzāb*) bekannt, weil die Mekkaner nicht allein, sondern mit anderen Stämmen vor der Stadt lagerten.

Allerdings scheint es, als waren im Jahr 627 die Würfel schon zugunsten Mohammeds und seiner Gemeinde gefallen: Nicht nur zogen sich die Mekkaner schließlich zurück, auch hatten viele unter ihnen den Widerstand gegen Mohammed aufgegeben oder waren sogar nach Medina gekommen und hatten den Islam angenommen. Mohammed beschloss in dieser Situation, mehr zu riskieren, und unternahm deshalb zu Beginn 628 mit vielen seiner Anhänger eine erste Pilgerreise nach Mekka; zu diesem Wagnis soll er durch eine Vision überzeugt worden sein (vgl. Q 48:27). Die paganen Mekkaner waren jedoch nicht gewillt, den Besuch der Muslime an der Kaaba zu dulden, und machten deutlich, dass sie den Eintritt in die Stadt verwehren würden. Dennoch war keine der Seiten auf weitere kriegerische Auseinandersetzungen erpicht, und so kam es zwischen den Mekkanern und Mohammed zu einem Waffenstillstandsabkommen, das in die islamische Geschichte als »Vertrag von Ḥudaibiya« eingegangen ist – benannt nach dem Ort, an dem Mohammed und die Seinen lagerten. Die getroffene Abmachung besagte, dass man für zehn Jahre keinen Krieg gegeneinander führen wolle und dass die Muslime im nächsten Jahr zurückkehren könnten, um die Pilgerfahrt zu vollziehen; die Mekkaner würden in dieser Zeit die Stadt verlassen. Nach allgemeiner Ansicht berichtet die Sure 48 von dieser Einigung mit den Mekkanern.

Ḥudaibiya

Im Jahr 629 vollzog Mohammed, gemäß der getroffenen Abmachung, den Teil der Pilgerfahrt, der ihm im Jahr zuvor verwehrt worden war, und kehrte dann nach Medina zurück. Die Koalition seiner Gegner bröckelte weiter, und zu Beginn des Jahres 630 erscheint Mohammed erneut vor den Toren Mekkas, diesmal jedoch nicht als Pilger, sondern als einer, der – in Begleitung von angeblich 10000 Muslimen – Macht demonstriert und Einlass fordert. Als Grund für den Zug gegen Mekka nennt die Überlieferung eine Fehde zwischen zwei Stämmen, deren einer mit Mohammed, der andere mit den mekkanischen Quraiš verbündet war. Im Verlauf dieser Fehde war nach Ansicht der Muslime das Abkommen von Ḥudaibiya außer Kraft gesetzt worden, so dass einem Marsch auf Mekka nichts im Wege stand. Der Widerstand der Mekkaner bricht nun mehr oder weniger kampflos zusammen, obwohl die späteren muslimischen Gelehrten ausführlich diskutierten, ob Mohammeds Einzug in Mekka friedlich verlaufen sei oder nicht; die Schilderungen in den Quellen sind uneinheitlich. Wie auch bei anderen Gelegenheiten zuvor handelte Mohammed in Mekka großzügig an allen, die sich der Sache des Islams anschlossen.

Die Einnahme Mekkas

Die Einnahme Mekkas beendete im Wesentlichen die Auseinandersetzung Mohammeds mit den paganen Arabern im Hedschas. Dennoch wären die Muslime in einer letzten Schlacht bei Ḥunain gegen mehrere Stämme im Umland Mekkas beinahe unterlegen, wie berichtet wird. Viele Mekkaner, gerade erst zum Islam konvertiert, sahen plötzlich die Gelegenheit gekommen, sich Mohammeds doch noch entledigen zu können. Die Schlacht wendete sich jedoch (vgl. Q 9:25 f.), und die Muslime errangen reiche Beute. Wie schon in Mekka verhielt sich Mohammed freigebig und verteilte das Beutegut gegen den Protest der medinensischen Muslime an die Besiegten. Diese Geste ist als »Versöhnung« oder »Vertrautmachung der Herzen« (*mu'allafat al-qulūb*, vgl. Q 9:58-61) in die Prophetenbiographie eingegangen.

»Abschiedswallfahrt«

Die knapp zweieinhalb Jahre, die Mohammed nach der Einnahme Mekkas noch vergönnt waren, verbrachte er in Medina. Nach Mekka kehrte er 631 im Rahmen einer Pilgerfahrt zurück, die als »Abschiedswallfahrt« (*ḥiǧǧat al-wadāʿ*) bekannt geworden ist. Der ausführliche Bericht von dieser Pilgerfahrt diente später zur Bestimmung der mannigfachen Regelungen, wie dieses islamische Ritual zu vollziehen sei, wobei manches gewiss aus der Rückschau und als Ergebnis der späteren Diskussion unter den Gelehrten in die Zeit Mohammeds zurückprojiziert wurde. Von großer Bedeutung sind auch die zahlreich überlieferten Versionen der Predigt, die Mohammed bei dieser Gelegenheit vor der Kaaba gehalten haben soll. Sie liest sich wie sein Testament, in welchem er die Gläubigen letztmalig ermahnt und unterweist.

»Der Prophet sprach: ›Ich ermahne euch also zur Furcht Gottes – Er ist mächtig und erhaben! –, zum Hören und zum Gehorsam [...]. Euch obliegt meine Sunna und die Sunna der rechtgeleiteten, auf dem rechten Weg geführten Kalifen: Haltet daran mit Zähnen [und Klauen] fest! Hütet euch vor den Dingen, die neu aufgebracht werden, denn alles, was neu aufgebracht wird, ist eine Neuerung. Jede Neuerung aber ist ein Gang in die Irre, und jeder Gang in die Irre führt ins Feuer [der Hölle]!‹« (Aus Mohammeds Ansprache während seiner Abschiedswallfahrt, zitiert in zahlreichen Quellen)

Erwähnenswert ist schließlich, dass Mohammed in den Jahren 630 und 631 zahlreiche Delegationen arabischer Stämme empfing, die sich ihm unterstellten und formal zum Islam übertraten. Dass die Stämme dabei kaum religiös motiviert waren, sondern sich Mohammed wie einem Stammesführer unterstellten, sollte sich gleich nach seinem Tod zeigen, als die meisten dieser Stämme wieder abfielen, weil sie sich nach dem Tod Mohammeds nicht mehr dessen Gemeinschaft verpflichtet fühlten.

Die Heimat im Exil

Mohammeds medinensische Periode war nicht nur eine Zeit des Kampfes, obwohl sich dieser Eindruck manchmal aufdrängt. Tatsächlich ist die Zeit, die er in Medina verbracht hat, im kollektiven Gedächtnis der Muslime v. a. als ein Lebensabschnitt präsent, in welchem er seine noch junge Gemeinde umsorgt: Er steht den Gläubigen nahe und lebt ihnen ein gottgefälliges Dasein vor, er geht zahlreiche Ehen ein und kümmert sich um die familiären Belange seiner Vertrauten und Freunde. Das meiste, was uns die islamische Tradition über Mohammed als Mensch berichtet, stammt aus der medinensischen Periode.

Mohammeds Lebensführung und Persönlichkeit

Viele Einzelheiten aus Mohammeds Leben in Medina sind uns bekannt, wobei freilich offenbleiben muss, ob und inwieweit sie authentisch sind. Ein oft wiederkehrendes Element vieler Berichte ist das spartanische Leben, das er dort geführt haben soll: Er schlief auf grobem Wollstoff oder einer Matratze aus gegerbtem Leder, die mit Palmfasern gefüllt war, und ernährte sich trotz seiner Vorliebe für Süßigkeiten recht asketisch. In Zeiten des Nahrungsmangels verzichtete er ganz auf Speisen, und als ihn das Hungergefühl zu sehr plagte, soll er sich einen Stein vor den Bauch gebunden haben, um den Magen zusammenzudrücken. Darüber hinaus wird berichtet, wie sich Mohammed kämmte, wie er sich die Haare mit Henna färbte, wie (und ob) er sich die Augen mit Kajal (*kuḥl*) schminkte, sich kleidete, sich zum Essen setzte und sich unterhielt. Teils sehr genaue (wenn auch vermutlich unhistorische) Beschreibungen geben an, wie seine Sandalen aussahen, sein

Siegelring, sein Schwert, sein Brustpanzer, sein Turban; beschrieben wird, wie (und worüber) er lachte, wie er weinte, ging und schlief. Auch die moralischen Tugenden Mohammeds – seine Ehrlichkeit, Geradlinigkeit und Mitmenschlichkeit – und nicht zuletzt seine schöne Erscheinung sind Gegenstand zahlloser Erzählungen und Anekdoten.

»Die Bettstatt des Gottgesandten war aus grobem Wollstoff, den wir zu einer Doppellage übereinandergeschlagen hatten. Darauf schlief er. Eines Nachts sagte ich: ›Wenn wir es vierfach umschlagen [so dass er auf vier Lagen schläft], dann ist es für ihn weicher!‹ So schlugen wir den Stoff vierfach um, doch am nächsten Morgen sprach der Prophet: ›Wie habt ihr denn diese Nacht meine Bettstatt hergerichtet?‹ Ich entgegnete: ›Wir haben uns gesagt: Lasst uns deine Bettstatt so herrichten, dass wir den Stoff zu vier Lagen umschlagen, auf dass du es weicher hast!‹ Doch der Prophet sprach: ›Richtet mein Bett wieder so her, wie es vorher war, die Weichheit hat mich nämlich in der Nacht am Beten gehindert!‹« (Ḥafṣa, eine der Ehefrauen Mohammeds, über sein Nachtlager; TŠ, S. 148)

Mohammed und die Frauen

Mohammeds Familienleben nimmt in Medina eine neue Wendung, denn er schließt nun – nachdem er in Mekka nach Ḫadīǧas Tod im Jahr 619 Sauda und ʿĀʾiša geheiratet hatte – weitere Ehen und geht Konkubinatsverbindungen ein; das Konkubinat ist im islamischen Recht eine neben der Ehe eigenständige Form der »Heirat« mit Nicht-Musliminnen. Die genaue Zahl seiner Ehefrauen ist im Übrigen umstritten, denn von einigen, etwa der Jüdin Raiḥāna, ist unbekannt, ob Mohammed sie ehelichte oder zur Konkubine nahm; andere Frauen werden nicht zu seinen »regulären« Ehefrauen gezählt, weil er keine Gelegenheit zum Geschlechtsverkehr mit ihnen hatte. Mindestens einer Frau, die ihm als Gefangene übergeben worden war, stellte er frei, ihn zu heiraten oder zu ihrer Familie zurückzugehen. Die Frau – es handelte sich um Ṣafīya al-ʿAnbarīya – kehrte zu ihrem Stamm zurück.
In der islamischen Tradition werden 13, manchmal auch 14 Frauen genannt, mit welchen er die Ehe vollzogen hat, wobei

die Nachrichten zur 14. Ehefrau – Ḫaula bint al-Huḏail – widersprüchlich sind. Im Jahr seines Todes war Mohammed mit neun Frauen verheiratet, während er von einer seiner Frauen – die Angaben sind unsicher – schon wieder geschieden war. Neben der Jüdin Raiḥāna soll er mit der Jüdin Ṣafīya bint Ḥuyaiy verheiratet gewesen sein. Beide traten zum Islam über, und Mohammed bestrafte eine seiner anderen Frauen, die Ṣafīya als »diese Jüdin da« beschimpft hatte. Die Koptin Maria, mit der Mohammed nur im Konkubinat verbunden war, gebar ihm einen Sohn namens Ibrāhīm, der jedoch im Alter von etwa zwei Jahren verstarb.

Christliche Kritik

Die Anzahl der Frauen Mohammeds war über die Jahrhunderte eines der häufigsten Argumente, wenn man aus christlicher Sicht den Propheten des Islams in ein schlechtes Licht setzen wollte: Nicht nur war die schiere Zahl der Ehen verwerflich, man sah hierin auch einen Beweis für Mohammeds sexuelle Gier, die er auf diese Weise befriedigt habe. Die muslimischen Gelehrten sind der Ansicht, die Vielzahl von Mohammeds Ehefrauen – das islamische Gesetz gestattet ansonsten maximal vier Ehefrauen zu einer Zeit – gehöre zu den »prophetischen Besonderheiten« (*ḫaṣā'iṣ nabawīya*). Oft wird darauf hingewiesen, Mohammed habe viele seiner Ehen nicht aus Zuneigung geschlossen, sondern gewissermaßen aus Staatsraison oder um einer Witwe eine Versorgung zu bieten. Tatsächlich heiratete er Zainab bint Ḫuzaima, nachdem ihr Mann bei der Schlacht von Uḥud ums Leben gekommen war; Ǧuwairīya bint al-Ḥāriṯ war dagegen bei einem Kriegszug gefangen genommen worden, woraufhin Mohammed sie freiließ und ihr die Ehe antrug. Zwei seiner Ehefrauen waren Töchter seiner engsten Vertrauten: ʿĀ'iša, die Tochter Abū Bakrs, und Ḥafṣa, die Tochter ʿUmars.

ʿĀ'iša

Besondere Zuneigung empfand Mohammed für ʿĀ'iša, und in ihren Armen soll er gestorben sein. Sie war in vielerlei Hinsicht die wichtigste Ehefrau für ihn in Medina und sollte noch nach seinem Tod eine bedeutende Rolle spielen. Bekannt ist die Feindschaft zwischen ihr und ʿAlī, dem Schwiegersohn Mohammeds und Gatten von dessen Tochter Fāṭima, was dazu führte, dass ʿĀ'iša bald zur weiblichen Galionsfigur der

Sunniten, Fāṭima hingegen zur »Heldenmutter« der Schiiten verklärt wurde. Dass Mohammed ʿĀ'iša geheiratet haben soll, als sie gerade sechs Jahre alt war, hat bei westlichen Betrachtern immer wieder Abscheu hervorgerufen, obwohl er mit ihr die Ehe erst später in Medina vollzogen hat (als sie freilich immer noch deutlich minderjährig war).

»Einige der wichtigsten Berichte, die Mohammeds Privatleben betreffen, werden nach dem Zeugnis ʿĀ'išas überliefert [...]. Sie ist es, die immer wieder die Bescheidenheit und die Schamhaftigkeit, *ḥayā'*, des Propheten betont hat, eine Eigenschaft, die jeder Gläubige in hohem Maß besitzen sollte. Sie war es, die Mohammed sagen hörte: ›Meine Augen schlafen, aber mein Herz ist wach‹, und so erfuhr, dass der Prophet selbst dann spirituell wach war, als er mit ihr das Bett teilte und zu schlummern schien«. (Die Islamwissenschaftlerin Annemarie Schimmel; Schimmel 1985, S. 50)

Medina, der Ort des Exils, war für Mohammed in den zehn Jahren seines Aufenthalts auch Heimat geworden, zumal 622 nicht nur seine beiden Frauen, sondern auch seine Anhänger Mekka verlassen hatten. Deshalb blieb er nach der Einnahme Mekkas im Jahr 630 nicht dort, sondern kehrte nach Medina zurück, wo er im Juni 632 – nach islamischer Tradition am 8. Juni 632 (dem 14. Rabīʿ I. des islamischen Jahres 11), einem Montag – verstarb.

Einige Tage vor seinem Tod erkrankte Mohammed an einem Fieber, das ihn schwächte und große Kopfschmerzen hervorrief. Erst in der späteren islamischen Überlieferung ist häufig davon die Rede, Mohammed sei an den Nachwirkungen eines Gifts gestorben, das ihm eine jüdische Giftmischerin bereits Jahre zuvor mit einer Speise verabreicht hatte. (Einer seiner Gefährten soll durch dieses Gift sofort nach Einnahme umgekommen sein.) Damit die Muslime begreifen sollten, dass der Gottgesandte tatsächlich verstorben war, trat Abū Bakr vor die Menschen und sprach: »Ihr Leute! Wer Mohammed verehrt hat, soll wissen: Mohammed ist tot! Wer aber Gott verehrt, soll wissen: Gott ist lebendig und wird niemals sterben!«

Wurde Mohammed vergiftet?

(SI, Bd. IV, S. 306) Dann rezitierte Abū Bakr aus dem Koran: »Mohammed ist nur ein Gesandter; vor ihm sind Gesandte dahingegangen. Wenn er stirbt oder getötet wird, werdet ihr auf euren Fersen kehrtmachen?« (Q 3:144)

Ansicht des Schreins in der Prophetenmoschee in Medina: Das Grab Mohammeds liegt hinter dem mittleren Portal.

Bestattet wurde Mohammed nicht auf dem östlich vor der Stadt gelegenen Friedhof, sondern neben der damaligen Moschee, genauer gesagt an der Wand der angrenzenden Wohnung von ʿĀʾiša, ja angeblich sogar direkt in der Erde unter seinem Bett. Seine Beisetzung ging, wie es islamischer Brauch ist, rasch und ohne Pomp vonstatten. Sein ursprünglich schlichtes und zunächst nicht öffentlich zugängliches Grab wurde über die Jahrhunderte zum vielbesuchten Mittelpunkt der inzwischen riesigen und prächtig ausgebauten Prophetenmoschee in Medina.

Das Grab, vgl. S. 104 ff.

Werk

Der Koran: Ein Werk Mohammeds?

Ein »Werk« Mohammeds im Sinn einer schriftlichen Hinterlassenschaft, die von ihm selbst verfasst worden wäre, liegt nicht gesichert vor. In der westlichen, nicht-muslimischen Perspektive wird oft der Koran als sein Werk verstanden, was auf eine abendländische Tradition zurückgeht, nach welcher der »Alcoranus« jahrhundertelang als »das Gesetz Mohammeds« (*lex Mahometi*) bezeichnet wurde; auf dem Titelblatt einer französischen Koranübersetzung von 1647 ist dementsprechend vom »Koran Mohammeds« (*L'Alcoran de Mahomet*) die Rede. So schreibt auch J. G. Herder im 19. Buch seiner *Ideen zur Philosophie der Geschichte der Menschheit* (1791) über Mohammeds »Werk«: »Sein Koran [...] ist ein Spiegel seiner Seele«; an anderer Stelle spricht er von den »Mährchen seines Korans«.

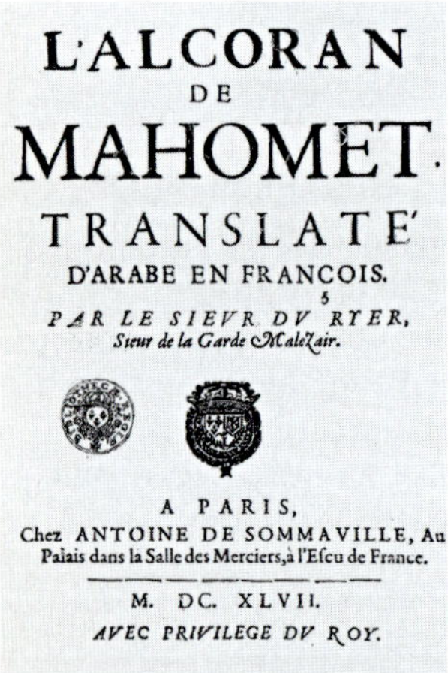
L'ALCORAN
DE
MAHOMET.
TRANSLATE'
D'ARABE EN FRANÇOIS.
PAR LE SIEVR DV RYER,
Sieur de la Garde Malezair.
A PARIS,
Chez ANTOINE DE SOMMAVILLE, Au
Palais dans la Salle des Merciers, à l'Escu de France.
M. DC. XLVII.
AVEC PRIVILEGE DV ROY.

Eine französische Ausgabe des Korans von 1647

Noch heute gehen die meisten westlichen Islamwissenschaftler stillschweigend davon aus, dass der koranische Text von Mohammed zusammengestellt wurde und somit als dessen Werk gelten kann. Allerdings gibt es für diese Annahme keinen sicheren Beleg abgesehen von der Tatsache, dass die westliche Wissenschaft einen göttlichen Ursprung des Korans, wie ihn die Muslime vertreten, aus prinzipiellen Gründen ablehnen muss. Die Autorschaft Mohammeds ist deshalb, was den Koran betrifft, tatsächlich nur eine Hypothese *ex negativo*: Wenn der Text nicht von Gott stammt, dann muss er einen menschlichen Urheber haben, und wer käme in Frage außer Mohammed? Weil für dessen Autorschaft aber direkte Zeugnisse – etwa urkundliche oder archäologische – fehlen, ergibt sich in diesem Fall dieselbe Problematik, die Mohammeds Leben generell aufwirft: Entweder akzeptiert man in großen Linien die islamische Überlieferung

Alternative Szenarien

über sein Wirken als Religionsstifter, oder man ist gezwungen, alternative Szenarien zu entwerfen. Derlei Szenarien wurden von westlichen Wissenschaftlern (Lüling, Wansbrough, Nevo, Ohlig u. a.) verschiedentlich vorgelegt. Ihnen zufolge stammt der Koran nicht etwa von Mohammed, sondern stellt eine überarbeitete (»islamisierte« bzw. »arabisierte«) Fassung christlicher Vorgängerschriften dar oder aber wurde erst Jahrzehnte nach dem Tod des Propheten von Gruppierungen sogenannter »Proto-Muslime« zusammengestellt. Keines dieser Szenarien steht jedoch auf gesichertem historischen Boden oder ließe sich zufriedenstellend untermauern. Im Gegenteil: Vieles, ja wohl zu vieles spricht gegen solche Thesen.

Bemerkenswert ist allerdings, dass der Vorwurf, Mohammed sei als »Autor« für den Text des Koran verantwortlich, schon früh von den Juden und Christen des Orients erhoben wurde, um auf diese Weise den göttlichen Ursprung der islamischen Offenbarung abzustreiten. In der islamischen Prophetologie hat dieser Vorwurf zahlreiche Spuren hinterlassen: Zum einen bestanden die Muslime darauf, dass Mohammed weder lesen Vgl. S. 32 noch schreiben konnte, folglich auch keine Befähigung besessen habe, etwas dem Koran Vergleichbares zu schaffen. Zum anderen entwickelten die muslimischen Theologen die Theorie des sogenannten *iʿǧāz*, der »Unnachahmlichkeit« des Korans. Gemeint ist damit, dass der Koran in seiner Sprachgestalt so herausragend und einzigartig sei, dass er unmöglich einen menschlichen Autor haben könne. Es handle sich deshalb um ein »Sprachwunder«, das nur Gott erschaffen kann, womit der göttliche Offenbarungscharakter des Korans erwiesen sei, Mohammed selbst jedoch als dessen »Autor« nicht in Frage komme. Der *iʿǧāz*-Charakter des Korans gilt den Sunniten bis heute als das wichtigste aller Beglaubigungswunder (*muʿǧizāt*) des Propheten.

Angesichts der komplexen und wissenschaftlich momentan noch nicht zu klärenden Problematik, welche die Herkunft des Korans umgibt, soll er in unserem Zusammenhang nicht als Werk Mohammeds gelten, auch deshalb, weil eine angemessene Behandlung des Korans im Rahmen dieses Buches keinen Platz finden kann. Vielmehr mag man der Auffassung sein, dass die Entstehung und die ganze spätere Entwicklung des Islams das »Werk« Mohammeds seien, insofern sein Auftreten als Prophet die entscheidenden Impulse für alles folgende lieferte. Oft wurde daher geurteilt, dass keine der großen Weltreligionen so sehr von Wesen und Wirken einer einzigen charismatischen Person durchdrungen sei wie eben der Islam von der Person des Propheten. Dieses Urteil hat gewiss seine Richtigkeit. Selbst christliche Theologen des 19. Jahrhunderts, die wie Johann J. Döllinger kein gutes Haar am Islam ließen und in der islamischen Geschichte »ein Grauen erregendes Bild« vorzufinden glaubten, sahen sich zu dieser Einsicht gezwungen: »Seit Anbeginn der Welt hat kein anderer Sterblicher jemals einen so unermeßlichen Einfluss auf das menschliche Geschlecht in religiöser, sittlicher und politischer Beziehung ausgeübt, als der Araber Muhammed.« (Döllinger 1838, S. 3)

In einem engeren Sinn mag sodann die Überlieferung von den Worten und Taten Mohammeds als dessen »Werk« gelten, darüber hinaus auch die späteren Darstellungen von Mohammeds Leben und die Ausarbeitung einer umfassenden islamischen »Prophetologie«.

»Hadith« und »Sunna«

Bereits im Lauf des zweiten islamischen Jahrhunderts (ca. 720-820) entwickelt sich die Überlieferung von den Aussagen und Handlungen Mohammeds zu einer wichtigen Quelle der islamischen Theologie und Rechtsgelehrsamkeit, die an Bedeutung nur dem Koran nachsteht. Diese Überlieferung wird als »Hadith« (*ḥadīṯ*, mit Betonung auf der zweiten Silbe) oder auch als »Sunna« (*sunna*, mit Betonung auf der ersten Silbe) bezeichnet. Die Aussagen des Korans und solche, die vom Propheten überliefert werden, nennt man zusammenfassend »Koran und Sunna«.

Ḥadīṯ (Hadith)

Ḥadīṯ bedeutet zunächst »mündliche Mitteilung, Überlieferung« und bezeichnet einen Bericht, der Worte des Propheten mitteilt oder über eine Handlung des Propheten informiert. Zunächst wurden auch Überlieferungen von Aussagen und Handlungen anderer Personen, etwa der ersten Kalifen, als »Hadithe« anerkannt; die Beschränkung auf den Propheten begann sich erst im 8. Jahrhundert durchzusetzen. Der Begriff »Hadith« ist insofern doppeldeutig, als er einerseits jede einzelne Überlieferung von und über Mohammed bezeichnet, andererseits die Überlieferung in ihrer Gesamtheit. Faktisch besteht daher »der Hadith« (= die gesamte Überlieferung) aus vielen einzelnen »Hadithen«. Im deutschen Sprachgebrauch verwendet man üblicherweise »Hadith«, wenn von einer einzelnen Überlieferung die Rede ist, wohingegen man deren Gesamtheit »Hadithüberlieferung« nennt.

Sunna

Sunna bedeutet »Handlungsweise, übliches Vorgehen bei einer Sache oder einem Tun« und bezeichnet Mohammeds Verhalten in den großen und kleinen Dingen des Lebens; der Begriff »Sunna« ist eine Verkürzung von *sunnat an-nabī*, »der Sunna des Propheten«.

Die beiden Begriffe »Hadith« und »Sunna« werden oft gleichbedeutend verwendet, weil ja die Hadithe von der »Sunna (des Propheten)« berichten. »Sunna« kann also sowohl das Handeln Mohammeds im Allgemeinen als auch sein Handeln in einem konkreten Fall, wie es in den Hadithen überliefert wird, bezeichnen.

> »Als Mohammed seinen Gefährten Mu'ād̲ ibn Ǧabal [gest. 639] in den Jemen entsandte, fragte er ihn: ›Auf welcher Grundlage wirst du Entscheidungen treffen?‹ Mu'ād̲ entgegnete: ›Auf der Grundlage der Schrift Gottes [d. h. des Korans].‹ Der Prophet insistierte: ›Wenn du aber darin nichts findest, auf welcher Grundlage wirst du entscheiden?‹ Mu'ād̲ antwortete: ›Auf der Grundlage der Sunna des Propheten.‹« (Zit. n. den Hadith-Sammlungen von Abū Dā'ūd und at-Tirmid̲ī)

Bekanntlich ist es für den Islam typisch, dass er dem Menschen bestimmte Handlungen vorschreibt und einen modellhaften Lebensentwurf anbietet, der alle Aspekte des Lebens von der Geburt bis zur Grablege umfasst. Der Islam ist demnach wie das Judentum eine religiöse »Orthopraxie« – ein System des »rechten Handelns« –, in welcher das rituelle und alltägliche Tun des Menschen im Mittelpunkt stehen. Hieraus erklärt sich nicht nur die große Bedeutung der islamischen Rechtsgelehrsamkeit (*fiqh*) als normengebende Wissenschaft vom individuellen und gesellschaftlichen Handeln, sondern auch, dass die Überlieferung vom Propheten und somit die Hadithe bzw. die Sunna immens relevant sind: In ihnen wird am Beispiel Mohammeds der menschliche Lebensvollzug in allen Einzelheiten thematisiert, woraus sich eine Anleitung zum rechten und aus islamischer Sicht gottgefälligen Handeln ergibt. Wer dem Propheten gehorcht, der gehorcht Gott (vgl. Q 4:80, 59:7), oder anders gesagt: Wer handelt, wie Mohammed gehandelt hat, der handelt »recht«. In diesem Sinn heißt es auch bereits im Koran: »Am Gottgesandten habt ihr ein schönes Vorbild« (Q 33:21).

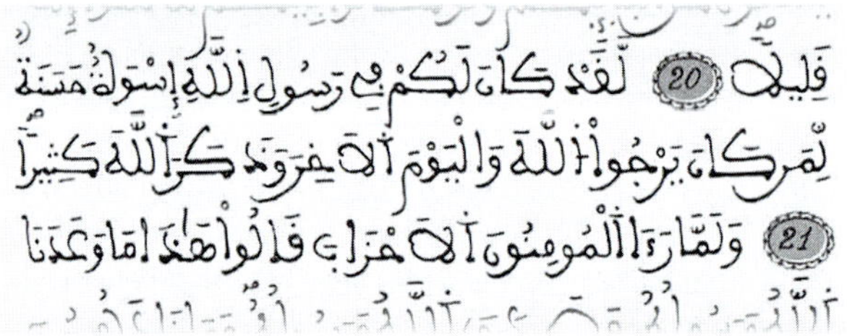

Koran 33:21 in einem modernen Druck aus Nordafrika (Marokko)

Allerdings war es nicht nur die Vorbildfunktion des Propheten, die zur Beschäftigung mit den Hadithen Anlass gewesen ist. Vielmehr erkannten die Muslime bald nach Mohammeds Tod, dass mit den Aussagen des Korans allein kein umfassendes System der Orthopraxie zu entwerfen war, weil der Koran zu vielen, ja den meisten Aspekten des Lebens keine konkreten Hinweise gibt. Auch die im Koran niedergelegten Regelungen, etwa zum Erbrecht oder zu rituellen Verrichtungen (Gebet, Fasten usw.), sind mehrdeutig oder bedürfen der Ergänzungen im Detail. Dies leisten die Aussagen Mohammeds, wie sie in den Hadithen überliefert sind, so dass die Hadithüberlieferung zugleich eine unverzichtbare Interpretation des koranischen Textes bietet. Der zweite Kalif ʿUmar (gest. 644) soll deshalb einem seiner Statthalter befohlen haben: »Halte dich an das, was dir in der Schrift Gottes [d. h. dem Koran] eindeutig erscheint und frag in diesem Fall niemanden sonst. Folge aber hinsichtlich dessen, was dir darin nicht eindeutig scheint, der Sunna des Gottgesandten.«

Hadithüberlieferung und -wissenschaft

Sammlung und inhaltliche Analyse der Hadithe waren und

sind ein zentraler Bestandteil der islamischen religiösen Gelehrsamkeit, bei den Sunniten noch mehr als bei den Schiiten. Bis zum heutigen Tag zirkulieren in der islamischen Welt hunderttausende Hadithe, und die intensive Beschäftigung mit ihrem Inhalt und ihrer jeweiligen Überlieferungsgeschichte (»Tradierung«) ist eine Lebensaufgabe: Es geht nicht nur darum, eine genaue Kenntnis des Materials zu erlangen, was an sich mühsam ist, sondern in erster Linie darum, die sprachlich meist schwierigen Texte richtig verstehen und auslegen zu lernen. Die Hadithkunde umfasst daher immer auch Sprachwissenschaft und Hermeneutik (Lehre von der Textinterpretation). Zudem muss ein Hadithgelehrter in der Lage sein, die Verlässlichkeit eines Hadiths zu beurteilen, denn das meiste, was überliefert wird, geht wohl tatsächlich nicht auf Mohammed zurück, sondern wurde ihm von späteren Generationen in den Mund gelegt. Diese skeptische Einschätzung teilen die muslimischen Gelehrten übrigens prinzipiell mit den westlichen Islamwissenschaftlern. Im Gegensatz zu diesen gehen sie aber davon aus, dass es möglich ist, aus dem unübersehbaren Material, das von Mohammed und über Mohammad berichtet wird, durch text- und überlieferungskritische Analyse diejenigen herauszufiltern, die berichten, was der Prophet tatsächlich gesagt oder getan hat.

Sind die Hadithe authentisch?

Die Frage nach der Authentizität der Hadithüberlieferung ist die Gretchenfrage der Hadithwissenschaft. Als den Muslimen im Lauf des 8. Jahrhunderts bewusst wurde, dass sich in die zunehmend anwachsende Überlieferung von und über Mohammed vieles eingeschlichen hatte, was er wohl weder gesagt noch getan hatte, und als die Rechtsgelehrten und Theologen immer heftiger darüber in Streit gerieten, welchen Hadithen und welcher Auslegung der Vorzug zu geben sei, ersann man Techniken, wie eine verlässliche Weitergabe der Hadithe sicherzustellen sei. Man begann deshalb zum einen mit der schriftlichen Aufzeichnung des Materials, zum anderen entwickelte man das Instrument des »Isnads« (*isnād*, mit Betonung auf der zweiten Silbe).

Isnād »Isnad« bezeichnet die Abfolge der »Gewährsleute« oder »Überlieferer«, die einen bestimmten Hadith im Lauf der Zeit einer dem anderen überliefert haben. Es handelt sich also um die »Überliefererkette«, durch welche die Weitergabe eines Hadiths nachvollziehbar und überprüfbar wird. Ab der Mitte des 9. Jahrhunderts – als bereits die ersten großen Hadithsammlung verfasst worden waren – wurde es üblich, jedem Hadith einen zugehörigen Isnad beizugeben; in den Jahrzehnten davor waren die Angaben zu den Überlieferern noch lückenhaft oder fehlten völlig.

»Aš-Šāfi'ī [gest. 820] sagte: ›Wer Wissen zu erwerben sucht, ohne nach einem Beweis für dessen Richtigkeit zu fragen, der ist wie einer, der nachts Holz sammelt, doch steckt zwischen den Holzscheiten, die er nach Hause trägt, eine Viper, die ihn beißt, bevor er sie bemerkt.‹ Ar-Rabī' ibn Sulaimān [ein Schüler aš-Šāfi'īs] bemerkte hierzu: ›So ergeht es einem, der Hadithe lernt, ohne nach dem Isnad zu fragen.‹« (Zit. n. Handbüchern zur Hadith-Wissenschaft, 10. Jahrhundert)

Aus der Praxis, einen Isnad anzugeben, entwickelte sich dann das »klassische« und bis heute gültige »Erscheinungsbild« jedes einzelnen Hadiths: Dem eigentlichen Wortlaut des Berichts geht der Isnad voraus, der angefangen vom direkten Zeugen einer Aussage oder Handlung des Propheten bis hin zum letzten Überlieferer alle Personen namentlich (und oft mit zusätzlichen Informationen) nennt, welche diesen Bericht weitergegeben haben. Im Lauf der Jahrhunderte wurden derlei Isnade immer länger und umfassten schon im 13. Jahrhundert um die neun oder zehn Personen samt zugehörigen Angaben, in späterer Zeit noch mehr. Der Isnad war oft länger als der eigentliche Text des Hadiths! Außerhalb des Kreises der spezialisierten Hadithgelehrten gab man deshalb die vollständige Angabe des Isnads schon im 12. Jahrhundert auf und nannte vor dem Text eines Hadiths nur noch den »Erstüberlieferer«, also den ersten Zeugen, in dessen Worten von oder über Mohammed berichtet wird. Diese Erstüberlieferer sind in vielen Fällen berühmte Prophetengefährten (*ṣaḥāba*, *aṣḥāb an-nabī*) wie etwa Abū Huraira (gest. 679) und Ibn ʿAbbās (gest. nach 686).

Warum aber war die Angabe der Personen, die einen Hadith überlieferten, relevant für die Beurteilung der Verlässlichkeit eines Hadiths und der Korrektheit dessen, was in ihm berichtet wird? Man ging davon aus, dass vertrauenswürdige Personen von lauterem Lebenswandel und erwiesener Frömmigkeit nur das berichteten, was ihnen wirklich mitgeteilt worden war, und es nur so weitergaben, wie es ihnen überliefert worden war. (Außerdem achtete man z. B. auch darauf, ob sich die Überlieferer wirklich begegnet waren oder ob einer von ihnen in hohem Alter vergesslich war.) Kannte man also Leumund, Charakter und Lebensweg der einzelnen Personen, die einen Hadith überlieferten, und waren diese glaubwürdig, dann konnte auch an der Authentizität des Hadiths kaum etwas auszusetzen sein. Andernfalls geriet der Hadith in Misskredit, mochte man auch keinen direkten Beleg dafür haben, dass der Text an sich nicht zuverlässig war. Aus dieser Technik, die Vertrauenswürdigkeit von Hadithen hauptsächlich mittels des Studiums der Überlieferer zu prüfen, entwickelte sich im Lauf des 9. Jahrhunderts eine eigenständige Wissenschaft, die nur dem Sammeln biographischer Informationen über die Hadithüberlieferer gewidmet war. Man nannte sie *ʿilm ar-riǧāl*, »die Wissenschaft von den Männern [d. h. den Überlieferern]« oder *ʿilm al-ǧarḥ wa-t-taʿdīl*, »die Wissenschaft von den negativen und positiven Urteilen [über die Zuverlässigkeit der Überlieferer]«. In diesem Feld entstanden über die Jahrhunderte vielbändige und geradezu gigantische Lexika, die biographische Informationen zu zehntausenden Personen aus der ganzen islamischen Welt geben, die irgendwie mit der Hadithweitergabe zu tun hatten.

Die westliche Islamwissenschaft teilt nicht die Einschätzung der muslimischen Gelehrten, dass sich mithilfe der Kenntnis der Isnade bzw. der Hadithüberlieferer erweisen lasse, ob ein Bericht von oder über Mohammed historisch zuverlässig, also authentisch ist oder nicht. Im Allgemeinen haben westliche Islamwissenschaftler die Hadithe als nur zum geringsten Teil glaubhaft beurteilt, was im Lauf des 20. Jahrhunderts nicht

»[Isnad:] Abū l-Barakāt al-Qamīǧī überlieferte mir in Tunis vom Richter Abū Bakr, der sagte: Abū l-Fawāris Ṭirād ibn Muḥammad, von nobler Abstammung, überlieferte mir in einem Garten des Paradieses [d. h. am Grab des Propheten in Medina] und sagte: Muḥammad ibn Aḥmad ibn Rizqawaih überlieferte mir und sagte: Abū Ǧaʿfar Muḥammad ibn Yaḥyā [...] ibn Ḥarb überlieferte mir und sagte: Mein Urgroßvater ʿAlī ibn Ḥarb überlieferte mir und sagte: Sufyān ibn ʿUyaina überlieferte mir von az-Zuhrī, dieser von Muḥammad ibn Ǧubair ibn Muṭʿim, dieser von seinem Vater Ǧubair, der sagte:
[Hadith:] Der Prophet – Gott segne ihn und gebe ihm Heil! – sagte: ›Wahrlich, ich bin der Gepriesene (*Muḥammad*)! Ich bin der Preiswürdigste (*Aḥmad*). Ich bin der Auslöscher, da durch mich der Unglaube ausgelöscht ist. Ich bin der Zusammenscharer, der die Menschen [am Jüngsten Tag] zusammenschart. Ich bin der abschließend Gekommene, nach dem es keinen Propheten mehr geben wird.‹« (Ein typischer Isnad + Hadith aus einem Text des 13. Jahrhunderts; zit. n. dem Reisetagebuch [1284-85] des Ibn Rušaid al-Fihrī)

wenig zur Entfremdung zwischen der muslimischen Gelehrsamkeit und der westlichen Orientalistik beigetragen hat. Zum ersten Mal wurde die westliche Kritik an der Authentizität der Hadithe von Ignaz Goldziher im zweiten Band seiner *Muhammedanischen Studien* (1890) ausführlich und auf breiter Quellenbasis begründet, und die meisten Islamwissenschaftler gehen bis heute davon aus, dass sich nur ein geringer Teil der riesigen Hadithüberlieferung auf Mohammed zurückführen lässt. Neuere Studien einiger Forscher (H. Motzki, G. Schoeler u. a.) haben dieses Bild in Einzelheiten revidieren, aber bisher noch keine prinzipiell veränderte Beurteilung bewirken können.

Ignaz Goldziher

Trotz der anzunehmenden historischen Zweifelhaftigkeit eines Großteils dessen, was die Hadithe berichten, bleibt Folgendes festzuhalten: Mögen auch die meisten Hadithe nicht auf Mohammed selbst oder seine Zeit zurückgehen, so reichen sie doch mehrheitlich sicher bis ins 8. Jahrhundert zurück und bewahren Hauptelemente seiner Lehre. Damit bietet die Hadithüberlieferung immerhin die Chance, die Entwicklung der islamischen Religion (Recht, Glaube, Ritus) von den Anfängen der Systematisierung im 8. Jahrhundert bis in die Gegenwart lückenlos und sehr detailliert nachvollziehen zu können. Angesichts dieses Umstands ist der Islam unter den großen Weltreligionen nach wie vor diejenige Religion, deren frühe Entwicklung – wenn auch nicht deren Anfangsjahrzehnte – am besten und genauesten fassbar ist.

Die großen Sammlungen

Die großen Hadithsammlungen, die vom Ende des 8. Jahrhunderts bis ins 16. Jahrhundert (und in einigen Fällen noch später) erstellt worden sind, gehören zu den bedeutendsten und umfangreichsten Werken des islamischen Schrifttums. Viele der im 8. und 9. Jahrhundert entstandenen Sammlungen gelten als verbindlich oder vorbildhaft, doch war das unablässige Bemühen der Muslime um die Zusammenstellung möglichst vieler Hadithe bis in die Neuzeit nicht beendet. So sind längst einige der erst im 16. Jahrhundert entstandenen Sammlungen, die nicht selten auch einen ausführlichen Kommentar bieten, als Standardwerke anerkannt. Dass sich die Sammlung über einen so langen Zeitraum hingezogen hat (und im Prinzip immer noch andauert), erklärt sich daraus, dass die Hadithüberlieferung – im Gegensatz zum koranischen Text – niemals endgültig abgeschlossen sein kann und es grundsätzlich immer möglich ist, in bislang verschollenen Handschriften oder unbekannten Archiven Hadithe ausfindig zu machen, die in den vorliegenden Sammlungen noch nicht enthalten sind. In dieser Hinsicht gleicht die Hadithkunde der Archäologie; ob derlei neu gefundene Hadithe Anspruch auf historische Verlässlichkeit haben, müsste freilich eigens erwiesen werden.

Beginn der Hadithsammlung

Die ersten großen Sammlungen wurden teils noch vor dem Ende des 8. Jahrhunderts von aṭ-Ṭayālisī (gest. 819), ʿAbd ar-Razzāq aṣ-Ṣanʿānī (gest. 827) und Ibn Abī Šaiba (gest. 849) erstellt und basieren auf rudimentären Vorläufern. Die Sammlung ʿAbd ar-Razzāqs etwa umfasst im modernen Druck (Beirut 1983) elf Bände mit ca. 5 900 Seiten und enthält über

21 000 Hadithe. Dieses und andere der frühen Werke gelten jedoch als nur bedingt zuverlässig, da die Angaben in den Isnaden, soweit vorhanden, oft lückenhaft sind. Auch die von Mālik ibn Anas (gest. 795) und aš-Šāfiʿī (gest. 820) begonnenen und von deren Schülern überarbeiteten Sammlungen, in denen besonders rechtlich relevante Hadithe zusammengestellt und analysiert wurden, gehören zu den ältesten Werken ihrer Art.

Die frühesten umfassenden Hadithsammlungen weisen bereits die beiden Möglichkeiten der Gliederung des Materials auf, die danach allgemein üblich wurden: entweder eine Anordnung der Hadithe nach den Namen der »Erstüberlieferer« (*musnad*) oder eine Anordnung nach Sachthemen in Kapiteln (*muṣannaf*). Die Anordnung nach Themen sollte sich durchsetzen, weil sie im praktischen Gebrauch, besonders für die Rechtsgelehrten, leichter zu handhaben war. (Die alphabetisch nach den Erstüberlieferern sortierten Sammlungen besitzen hingegen keinerlei thematische Ordnung und sind dementsprechend unübersichtlich, da man alle Hadithe zu einem Thema, die von verschiedenen Personen berichtet werden, erst mühsam zusammensuchen muss.)

Die weitaus größte Sammlung des 9. Jahrhunderts, der *Musnad* von Aḥmad Ibn Ḥanbal (gest. 855), weist noch eine Anordnung nach den Namen der Erstüberlieferer auf. Ein moderner Druck in 18 Bänden (Beirut 1995) umfasst ca. 9 950 Seiten und enthält 27 519 Hadithe (einschließlich der Varianten und Doubletten). Viele der in Ibn Ḥanbals Sammlung aufgenommenen Hadithe gelten zwar als »schwach« (*ḍaʿīf*) – d. h. wenig verlässlich –, werden aber überall im islamischen Schrifttum zitiert. Besonders in der Gegenwart genießt Ibn Ḥanbals *Musnad* große Wertschätzung, weil die nach ihm benannte »hanbalitische« Rechtstradition (*maḏhab*) u. a. dem wahhabitischen Islam in Saudi-Arabien zugrunde liegt.

Sechs Sammlungen »korrekter« Hadithe

Die in der zweiten Hälfte des 9. Jahrhunderts und kurz danach entstandenen Sammlungen folgen mehrheitlich dem Prinzip der thematischen Anordnung. Besonders ausgezeichnet unter diesen sind die sogenannten »sechs Bücher«, nämlich die Hadithsammlungen von al-Buḫārī (gest. 870), Mus-

٤٦

بسم الله الرحمن الرحيم

كتاب الوضوء (١)

باب (٢) ما جاء في الوضوء وقول الله تعالى إذا قمتم إلى الصلاة (٣) فاغسلوا وجوهكم وأيديكم إلى المرافق، وامسحوا برؤوسكم وأرجلكم (٤) إلى الكعبين قال أبو عبد الله وبين النبي ﷺ أن فرض الوضوء مرة مرة وتوضأ أيضا مرتين (٥) وثلاثا (٦)، ولم يزد على ثلاث (٧)، وكره أهل العلم الإسراف فيه وأن يجاوزوا فعل النبي ﷺ

باب لا تقبل (٨) صلاة بغير طهور حدثنا إسحق ابن إبراهيم الحنظلي قال أخبرنا عبد الرزاق قال أخبرنا معمر عن همام بن منبه أنه سمع أبا هريرة يقول قال رسول الله ﷺ لا تقبل (٩) صلاة من أحدث حتى يتوضأ قال رجل من حضرموت ما (١٠) الحدث يا أبا هريرة قال فساء أو ضراط

باب فضل الوضوء والغر (١١) المحجلون من آثار الوضوء حدثنا يحيى بن بكير قال حدثنا الليث عن خالد عن سعيد بن أبي هلال عن نعيم المجمر قال رقيت مع أبي هريرة على ظهر المسجد فتوضأ (١٢) فقال (١٣) إني سمعت النبي (١٤) ﷺ يقول إن أمتي يدعون يوم القيامة غرا محجلين من آثار الوضوء فمن استطاع منكم أن يطيل غرته فليفعل

باب (١٥) لا يتوضأ من الشك حتى يستيقن حدثنا علي قال حدثنا سفيان قال حدثنا الزهري عن سعيد بن المسيب عن (١٦) عباد بن تميم عن عمه أنه شكا (١٧) إلى رسول الله ﷺ الرجل الذي يخيل إليه أنه يجد الشيء في الصلاة فقال لا ينفتل أو لا ينصرف حتى يسمع صوتا أو يجد ريحا

باب التخفيف في الوضوء حدثنا (١٨) علي بن عبد الله قال حدثنا سفيان عن

(١) الطهارة (٢) ما جاء في الوضوء وقال الله عز وجل يا أيها الذين آمنوا [illegible] الى الكعبين وفي الفرع المكي [illegible]
٣ باب ما جاء في قول الله تعالى
(٣) الآية إلى الكعبين
(٤) وأرجلكم
(٥) مرتين مرتين
(٦) وثلاثا ثلاثا
(٧) الثلاث
٧ ثلاثة
(٨) لا يقبل الله صلاة
(٩) لا يقبل الله صلاة
(١٠) فما
(١١) وفضل الغر المحجلين
(١٢) توضأ (١٣) قال
(١٤) رسول الله
(١٥) باب من لا
(١٦) وعن
(١٧) شكي
من غير اليونينية
(١٨) حدثني

Eine Seite aus der Hadithsammlung al-Buḫārīs (mod. Druck): Der Anfang des Abschnitts über die Waschung vor dem Gebet. Die einzelnen Hadithe sind im Text (umrahmt) nicht durchnummeriert. Am Rand der Seite wird vermerkt, ob und wie der Wortlaut eines Hadiths in anderen Drucken bzw. Rezensionen abweicht.

lim (gest. 875), Abū Dā'ūd (gest. 888), at-Tirmiḏī (gest. 892), an-Nasā'ī (gest. 915) und Ibn Māǧa (gest. 886) (in dieser Reihenfolge).

Diese sechs Sammlungen – die sechste, von Ibn Māǧa, war in ihrer Zugehörigkeit lange umstritten – gelten bis heute als die anerkanntesten Sammlungen »korrekter« (*ṣaḥīḥ*), d. h. zuverlässiger Hadithe, die wahrheitsgemäß von und über Mohammed berichten; ihr Umfang ist unterschiedlich, sie enthalten zwischen 4 000 und 7 000 Hadithen. Unter diesen sechs können wiederum die Sammlungen al-Buḫārīs und Muslims den höchsten Rang für sich beanspruchen: Man nennt sie gemeinhin »die beiden korrekten [Sammlungen]« (*aṣ-Ṣaḥīḥān*). Ihre Bedeutung für die islamische Gelehrsamkeit kann gar nicht überschätzt werden, denn an quasi-kanonischer Autorität stehen sie für die Sunniten heutigentags nur dem Koran nach. Eine kritische Bearbeitung der in ihnen zitierten Hadithe, die so gut wie ausnahmslos als verlässlich gelten, wird heute nur selten geduldet; in vergangenen Jahrhunderten war man hierin deutlich offener und kritischer. Neben diesen beiden Sammlungen sind es schließlich auch die zu ihnen geschriebenen Kommentare, die zu den Fundamenten der islamischen Gelehrsamkeit zählen: Es handelt sich im Fall Muslims um den 12-bändigen Kommentar von an-Nawawī (gest. 1277), im Fall al-Buḫārīs um den 13-bändigen Kommentar von Ibn Ḥaǧar al-ʿAsqalānī (gest. 1449).

al-Buḫārī und Muslim

Im 9. und 10. Jahrhundert wurden neben den genannten »sechs Büchern« weitere Sammlungen erstellt, die bis heute ebenfalls häufig verwendet werden. Ohne hier auf Einzelheiten eingehen zu können, seien doch wenigstens die Namen der bekanntesten Verfasser genannt: ad-Dārimī (gest. 869), aṭ-Ṭabarānī (gest. 971), ad-Dāraquṭnī (gest. 995), al-Ḥākim an-Nīsābūrī (gest. 1014), al-Baihaqī (gest. 1066) und al-Baġawī (gest. um 1120). Zu gleicher Zeit werden auch die bis heute maßgeblichen schiitischen Hadithsammlungen (u. a. von al-Kulīnī, gest. 939, und Ibn Bābūya, gest. 991) erarbeitet, die sich inhaltlich mit den sunnitischen Werken in vielen Details decken, doch andere Isnade zitieren und zum Teil einer anderen Anordnung folgen.

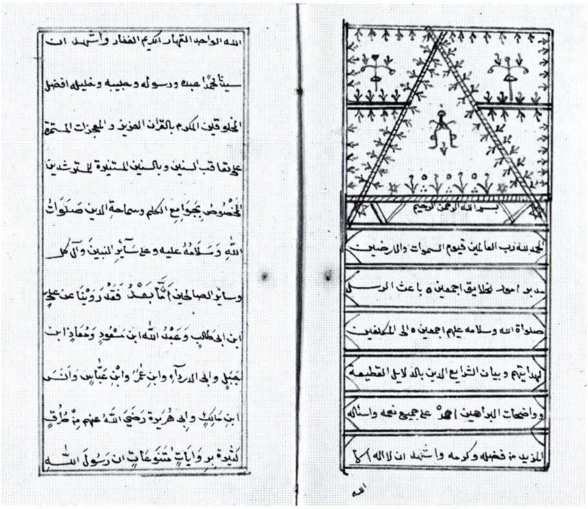

Die ersten beiden Seiten – man beachte die arabische Seitenanordnung von rechts nach links entsprechend der Schreibrichtung – einer volkstümlichen Ausgabe von an-Nawawīs *Buch der Vierzig Hadithe*, geschrieben im Jahr 1752

Die kaum noch zu überblickende Fülle an Hadithen von und über Mohammed brachte ab dem 11. Jahrhundert Anthologien und »Blütenlesen« aller Art hervor, um dem Einzelnen, der nicht selbst die Hadithwissenschaft studiert hatte, den Zugang zum Hadithmaterial zu erleichtern, ja überhaupt erst zu ermöglichen. Die bekannteste und bis heute populärste dieser Anthologien ist *Das Buch der Vierzig Hadithe* von an-Nawawī (gest. 1277), in welchem der Autor diejenigen Hadithe ausgewählt hat, deren Kenntnis er für absolut unverzichtbar hielt. Die großen Sammlungen, die ab dem 14. Jahrhundert und danach erstellt wurden, ergänzen die Sammlungen früherer Jahrhunderte – so etwa die zahlreichen Werke von Nūr ad-Dīn al-Haitamī (gest. 1406) – oder fassen viele der bis dahin bekannten Sammlungen in einer »Kurzfassung« (d. h. ohne Angabe der Isnade und ohne weiteren Kommentar) zusammen, so etwa die vielbenutzte »Schatztruhe« (*Kanz*) des aus Indien stammenden und später in Mekka tätigen al-Muttaqī al-Hindī (gest. 1567): insgesamt über 46 000 im Wortlaut zitierte Hadithe samt Varianten! So hat die über die Jahrhunderte unverminderte Sammelleidenschaft muslimischer Gelehrter eine Fülle an Hadithen zusammengetragen, die unüberschaubar und von der westlichen Islamwissenschaft erst ansatzweise erforscht ist.

Die Gegenwart des Propheten

In den Hadithen ist Mohammed allen Muslimen jederzeit gegenwärtig: Er spricht *in* den Hadithen und *aus* ihnen. Seine Worte – mögen sie aus unserer Sicht auch kaum historisch nachweisbar sein – sind mittels der Hadithe in allen Winkeln der islamischen Welt vom Senegal bis nach Java, von Bosnien bis nach Tanzania präsent und wirksam. Eine Barriere bildet allenfalls die Tatsache, dass bei weitem nicht alle der wichtigsten Hadithsammlungen, die im sunnitischen Bereich ausnahmslos auf Arabisch verfasst wurden, in die großen Islamsprachen (Persisch, Türkisch, Urdu, Bahasa Indonesia, Haussa usw.) übersetzt worden sind; viele der vorhandenen Übersetzungen oder nichtarabischen Kompilationen sind nicht wortgetreu und fassen das Gesagte oft nur grob zusammen.

Verbreitung der Hadithe

Die »Vergegenwärtigung heilswichtiger Aussagen« (T. Nagel) leisten die Hadithe, weil in ihnen Mohammeds Worte direkt zitiert und seine Taten aus der Perspektive von Augenzeugen geschildert werden: »Als ich da-und-da war, hörte ich den Gottgesandten das-und-das sagen« oder »Als wir da-und-da saßen, sahen wir den Gottgesandten das-und-das tun«. In vielen Hadithen wird eine Gesprächssituation im Detail inszeniert, so etwa in dem berühmten »Gabriels-Hadith«, der ein Gespräch zwischen dem Engel und Mohammed schildert. Der Hadith beginnt wie folgt: »Als wir eines Tages mit dem Gottgesandten beisammen saßen, trat plötzlich ein Mann [d. i. Gabriel] vor uns hin, der strahlendweiße Gewänder trug und pechschwarzes Haar hatte. Keine Spuren einer Reise waren an ihm zu sehen, und keiner von uns kannte ihn. Der Mann setzte sich dann zum Propheten, lehnte seine Knie gegen die Knie des Propheten und legte seine Hände auf seine Oberschenkel. Er sprach: ›O Mohammed! Berichte mir über den Islam!‹ [...]« Die Inszenierung des jeweils Berichteten kann aber auch die emotive Wirkung verstärken, wenn etwa ein Hadith wie folgt eingeleitet wird: »Der Gottgesandte hielt vor uns eine Mahnrede, die die Herzen mit Angst erfüllte und die Augen zum Fließen brachte. Da sprachen wir: [...].« Häufig wird in den Hadithen die Vertrautheit des Gesprächspartners mit Mohammed betont. Dies kann geschehen, indem sich beide berühren oder in anderer Weise nahe sind: An Ibn ʿAbbās soll Mohammed Worte gerichtet haben, als er hinter diesem auf einem Kamel saß; Ibn ʿUmar habe Mohammed die Hand auf die Schulter gelegt, bevor er ihn anredete; von Abū Huraira ist überliefert, dass ihn Mohammed an die Hand genommen habe.

»Der Prophet sprach: ›Wer von mir diese Worte annimmt, der möge nach ihnen handeln oder sie anderen lehren, damit sie danach handeln.‹ Abū Huraira sagte: ›Ich, O Gottgesandter, werde danach handeln!‹ Da nahm er mich bei der Hand, zählte bis fünf und sprach: ›Wenn du die verbotenen Dinge fürchtest, so wirst du der beste aller Gottesdiener sein! Sei zufrieden mit dem, was dir Gott zugeteilt hat, dann wirst du der reichste der Menschen sein! Handle gut an deinem Nachbarn, dann wirst du einer sein, der gläubig ist! Wünsche den Menschen, was du dir selbst wünschst, dann wirst du ein Muslim sein! Lach nicht zuviel, denn Lachen tötet das Herz!‹« (Zit. n. der Hadith-Sammlung von at-Tirmiḏī)

Berichtet werden in den Hadithen vielfach auch Mohammeds Gestik, sein Deuten und sein Tun, ja sein Lachen, sein Weinen und sogar sein Fluchen, wenn er, was vorkam, ungeduldig war. Nicht selten wird dann seine Gestik, die in einem Hadith beschrieben ist, von demjenigen nachgeahmt, der den Hadith einem Kreis von Zuhörern vorträgt; öffentliche, heute auch im Fernsehen übertragene Vorträge von Hadithen können deshalb für den außenstehenden Betrachter recht theatralisch wirken. Viele Hadithgelehrte haben kleine Sammlungen von Hadithen gereimt, wobei derlei »Versifizierungen« von Prosaberichten besonders eingängig und gut zum Auswendiglernen geeignet sind. Gestik

Wie im Koran Gott zu Mohammed und den Menschen spricht, so spricht im Hadith der Prophet direkt zu den Menschen. Vieles, was Mohammed nach dem Bericht der Hadithe gesagt hat, ist als Befehl oder Verbot, als Ermahnung oder Wunsch formuliert. Zuweilen finden sich auch eindringliche Predigten oder lebhafte Dialoge. Diese Direktheit der Ansprache hat über die Jahrhunderte nichts von ihrer Wirkung eingebüßt und »spricht« bis auf den heutigen Tag die Menschen aus den unterschiedlichen islamischen Kulturen immer noch »an«. Nicht zu vergessen auch, dass das in den Hadithen von und über Mohammed Berichtete sowohl der muslimischen Alltagsfrömmigkeit als auch den komplexen Bestimmungen des Rechts in größerem Maß zugrunde liegt als der Koran selbst. Auch der Koran wird von den Muslimen so verstanden, wie er sich ihnen mittels der Kenntnis der Hadithe erschließt: »Der materielle Wortlaut des Koran allein kann uns also nicht über das Wesen des Islam der späteren Jahrhunderte aufklären. Dies vermag nur der Geist, den der Islam in das heilige Buch hineingelegt hat, und dieser findet sich in der [Hadith-]Überlieferung« (Horten 1924, S. 33 f.).

Darstellungen von Leben und Wirken Mohammeds

Das Leben Mohammeds zusammenhängend darzustellen war im Lauf des 7. und 8. Jahrhunderts nicht das vorrangige Interesse der Muslime. Die erste umfassende, an biblischen Vorbildern orientierte und heilsgeschichtlich konzipierte Prophetenbiographie wurde erst nach 750 geschaffen, also knapp 130 Jahre nach seinem Tod; sie ist jedoch nicht vollständig, sondern nur in einer Bearbeitung erhalten geblieben. Schriften, die zuvor über Mohammed verfasst wurden – namentlich von az-Zuhrī (gest. 742) und Mūsā ibn ʿUqba (gest. 758) – sind nur fragmentarisch und aus späteren Zitaten bekannt; auch ihr ursprünglicher Umfang ist nicht mehr genau zu rekonstruieren.

Allerdings darf es nicht verwundern, dass trotz der Bedeutung des Propheten im Islam eine zusammenhängende Darstellung seines Wirkens keine Priorität besaß und lange auf sich warten ließ. Was im Christentum die Evangelien – die Berichte über das Heilswirken Jesu und das Geschehen der Offenbarung, zugleich aber selbst Offenbarungsschriften –, das ist im Islam die Offenbarung des Wortes Gottes, wie es im Koran niedergelegt ist. Die sich im 8. und 9. Jahrhundert herausbildende Gattung der Prophetenbiographie kann deshalb zwar formal mit den Evangelien verglichen werden, insofern beiden eine narrative Struktur zugrunde liegt, die den Verlauf eines Menschenlebens nachzeichnet, doch funktional sind beide verschieden: Die Darstellung von Mohammeds Wirken ist nicht, wie analog im Christentum die Evangelien, ein Medium der Offenbarung, sondern lediglich eine »Ergänzung« des Korans. In diesem Sinn steht die Prophetenbiographie auf einer Stufe mit dem Korankommentar, der Hadithüberlieferung und der Historiographie im allgemeinen, besitzt also keinen »heiligen« Charakter oder einen anderweitig hervorgehobenen Stellenwert.

Evangelien versus Prophetenbiographie

Zusammenfassend bezeichnet man die ab der Mitte des 8. Jahrhunderts fassbare Gattung der Prophetenbiographie als *sīrat an-nabī* (»*sīra* des Propheten«), wobei »*sīra*« ein weites Bedeutungsspektrum aufweist: »Verhalten«, »Handlungsweise«, sodann auch »Lebenslauf« und (besonders im modernen Gebrauch) »Biographie«. Einige frühe Schriften über das Leben Mohammeds sind auch »*siyar*« (Plural von *sīra*) oder »*maġāzī*« betitelt. Die Verwendung des Plurals *siyar* zeigt dabei an, dass hier kein Lebenslauf im Mittelpunkt steht, sondern die Schilderung bestimmter, signifikanter Handlungen. *Maġāzī* hingegen bedeutet »Kriegszüge«, wodurch bereits deutlich wird, worauf sich die Darstellung konzentriert. Die bekannteste aller *maġāzī*-Schriften, das gleichnamige Buch von Muḥammad ibn ʿUmar al-Wāqidī (gest. 823), behandelt daher nur die medinensische Epoche Mohammeds, die durch zahlreiche militärische Aktionen gekennzeichnet war, und blendet andere Aspekte weitgehend aus. Wāqidīs Schrift, die unter den Muslimen wegen der Unzuverlässigkeit ihres Autors seit jeher einen schlechten Ruf hat, war eine der ersten arabischen Quellen zu Mohammeds Leben, die von einem westlichen Orientalisten herausgegeben wurde.

Sīrat an-nabī

Bei alledem ist der deutsche Ausdruck »Propheten*biographie*«, obwohl er sich eingebürgert hat und auch hier verwendet wird, ganz unpassend für die Schriften über das Leben Mohammeds, denn es handelt sich ja um keine »Biographien« im modernen Sinn. Um was es sich stattdessen handelt, kann am besten anhand der Prophetenbiographie des Muḥammad Ibn Isḥāq erläutert werden.

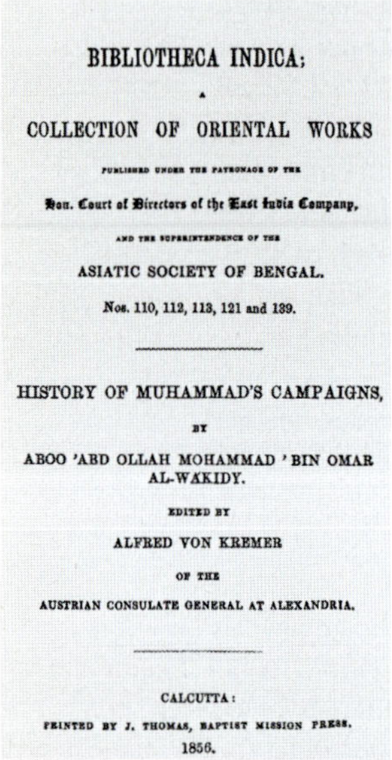

BIBLIOTHECA INDICA;

A

COLLECTION OF ORIENTAL WORKS

PUBLISHED UNDER THE PATRONAGE OF THE

Hon. Court of Directors of the East India Company,

AND THE SUPERINTENDENCE OF THE

ASIATIC SOCIETY OF BENGAL.

Nos. 110, 112, 113, 121 and 139.

HISTORY OF MUHAMMAD'S CAMPAIGNS,

BY

ABOO 'ABD OLLAH MOHAMMAD 'BIN OMAR AL-WAKIDY.

EDITED BY

ALFRED VON KREMER

OF THE

AUSTRIAN CONSULATE GENERAL AT ALEXANDRIA.

CALCUTTA:

PRINTED BY J. THOMAS, BAPTIST MISSION PRESS.

1856.

Die »Prophetenbiographie« des Muḥammad ibn 'Umar al-Wāqidī

Die »Prophetenbiographie« des Ibn Isḥāq

Die Schrift des aus dem Irak stammenden Muḥammad ibn Isḥāq (gest. 767) ist die erste umfassende »Prophetenbiographie«, die annähernd vollständig erhalten ist. Der heute zugängliche Text ist eine Bearbeitung durch den Ägypter Ibn Hišām (gest. 833), der seinerseits eine Rezension von Ibn Isḥāqs Werk benutzte. Ibn Hišām fügte zahlreiche Kommentare und Ergänzungen in den Text Ibn Isḥāqs ein, kürzte aber an manchen Stellen und ließ einige der Gedichte weg. Außerdem strich er aus seiner Bearbeitung die Schilderung der Zeit von der Weltschöpfung bis zu Mohammed, die Ibn Isḥāq unter dem Titel *Kitāb al-Mubtada'* (»Das Buch davon, wie alles anfing«) als »biblische Einleitung« seiner eigentlichen Prophetenbiographie vorangestellt hatte. Dennoch verdrängte die Bearbeitung Ibn Hišāms schon nach einigen Jahrhunderten die Originalfassung Ibn Isḥāqs, die wohl spätestens im 13. Jahrhundert nicht mehr als eigenständige Schrift greifbar war.

Das Werk von Ibn Isḥāq/Ibn Hišām sollte sich als die einflussreichste Prophetenbiographie erweisen, die jemals verfasst wurde. Kein späteres Werk verzichtet darauf, ausführlich aus ihr zu zitieren und sie der Darstellung zugrunde zu legen. Sie wurde in einer kritischen Edition zum ersten Mal 1859-1860 gedruckt und ist heute die meistgelesene der vormodernen Prophetenbiographien (deutsch in Auszügen von G. Rotter). Selbst die ausführlichen Schilderungen von Mohammeds Leben in den späteren arabischen Universalchroniken hängen in wesentlichen Teilen vom Material Ibn Isḥāqs ab.

Bedeutung der Chronologie

Der wichtigste Grund, warum Ibn Isḥāqs Darstellung so großen Einfluss erlangen konnte, war wohl, dass sie als erstes Werk eine durchgehende Chronologie für die Ereignisse in Mohammeds Leben bietet und somit einen biographischen Darstellungsrahmen schafft. Die Vorgängerschriften hingegen liefern, soweit bekannt, nur eine bruchstückhafte Chronologie und einzelne Daten, und wenngleich Einzelheiten der Chronologie weiterhin umstritten blieben (und es im Prinzip bis heute sind), setzte sich doch das Zeitraster Ibn Isḥāqs in allen späteren Darstellungen weitestgehend durch. Die Bedeutung der Chronologie erklärt sich aus dem »isolierenden« Charakter der islamischen Hadithüberlieferung, die einzelne und für sich stehende Nachrichten in großer Fülle bietet, aber kaum Anhaltspunkte für die zeitliche Abfolge von Geschehnissen und die Einordnung in größere Zusammenhänge enthält; allein aus den Einzelberichten der Überlieferung eine zusammenhängende und kontinuierliche Erzählung zu konstruieren ist dementsprechend schwierig. So bieten auch die Korankommentare und großen Hadithsammlungen reichlich Überlieferungsmaterial zu Mohammeds Leben, doch macht die jeweils spezifische Anordnung des Materials jede durchgehende Darstellung bzw. jeden »roten Faden« zunichte: In den Korankommentaren werden die einzelnen Berichte zu den Versen zitiert, mit welchen sie in Zusammenhang gebracht werden; in den Hadithsammlungen werden die Berichte unter dem Namen des jeweiligen Erstüberlieferers oder in dem Kapitel, in welches sie thematisch gehören, zitiert.

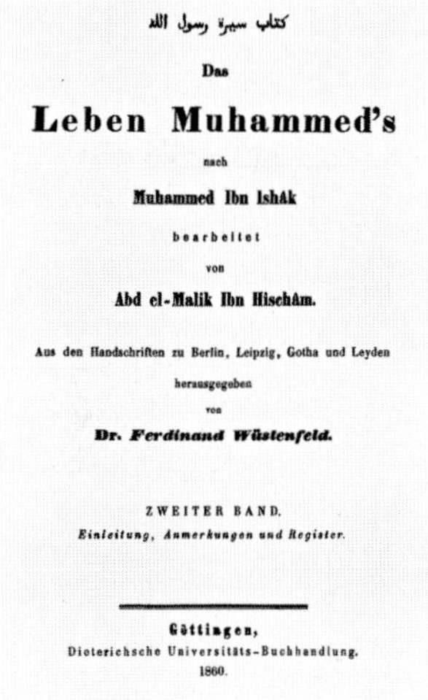
كتاب سيرة رسول الله

Das

Leben Muhammed's

nach

Muhammed Ibn Ishâk

bearbeitet

von

Abd el-Malik Ibn Hischâm.

Aus den Handschriften zu Berlin, Leipzig, Gotha und Leyden

herausgegeben

von

Dr. Ferdinand Wüstenfeld.

ZWEITER BAND.

Einleitung, Anmerkungen und Register.

Göttingen,

Dieterichsche Universitäts-Buchhandlung.

1860.

Wie bahnbrechend die Innovation einer durchgängigen und chronologisch angeordneten, in diesem Sinn klassisch »biographischen« Schilderung von Mohammeds Lebens war, lässt sich ermessen, wenn wir den Erfolg von Ibn Isḥāqs Schrift in Beziehung zu der recht negativen Beurteilung seiner Person setzen. Den meisten Zeitgenossen und späteren Gelehrten galt

Ibn Isḥāq nämlich nicht als zuverlässig. Kaum jemand ging zwar so weit wie der medinensische Gelehrte Mālik ibn Anas (gest. 795), der Ibn Isḥāq als »endzeitlichen Erzteufel« (*daǧǧāl*) bezeichnete, doch auch andere sparten nicht an Kritik. Der Verfasser der anerkanntesten Hadithsammlung, al-Buḫārī (gest. 870), nannte Ibn Isḥāq geradeheraus einen »Lügner« (*kaḏḏāb*) und überging ihn in seinem Werk. Der Historiker al-Ḫaṭīb al-Baġdādī (gest. 1071) zitiert eine ältere Autorität mit den Worten: »Wenn irgendjemand eine schlechte Reputation im Bereich der Rechtsgelehrsamkeit hat, dann Ibn Isḥāq!«

»Erzteufel« und »Lügner«

Prophetenbiographie und Rechtswissenschaft

In erster Linie waren wohl Aspekte der Rechtswissenschaft für seinen schlechten Ruf verantwortlich. Um eine zusammenhängende Darstellung zu erreichen, musste nämlich Ibn Isḥāq viele Einzelberichte in eine bestimmte zeitliche Abfolge einbinden und in einen thematischen Kontext stellen. Jede Kontextualisierung eines Berichts über eine Aussage oder Handlung Mohammeds hatte jedoch Einfluss auf dessen »Gehalt« und »Botschaft«, folglich auch auf dessen Interpretation: Gerade die Rechtsgelehrten verstanden einen Bericht über eine dieser Handlungen anders und ggf. allgemeiner, wenn *nicht* bekannt war, wann und in welchem Zusammenhang der Prophet etwas getan haben sollte. Die Kontextualisierung eines Berichts durch Einfügung in eine kontinuierliche Darstellung würde aber eine Aussage oder Handlung Mohammeds »spezifizieren«, was wiederum Auswirkungen auf ihre rechtliche Verwertbarkeit und Relevanz hat. Wenn also überliefert wurde, Mohammed sei bei einer Sache so-und-so verfahren, dann konnte dies zur Grundlage einer allgemeinen Regelung werden. War aber bekannt, dass er zu einem bestimmten Zeitpunkt und bei einer bestimmten Gelegenheit so gehandelt hatte, dann blieb offen, ob sein Handeln allgemein gültig war oder eben nur Fälle betraf, die der konkreten Situation vergleichbar sind. Mit anderen Worten: Den Rechtsgelehrten waren unkontextualisierte, für sich stehende und daher »interpretationsoffenere« Hadithe willkommener als deren zeitliche und örtliche Festlegung in Ibn Isḥāqs Prophetenbiographie. Zudem ist bekannt, dass Ibn Isḥāq bei sei-

Kontextualisierung

»Al-ʿAbbās ibn Muḥammad berichtete, dass Ibn Ḥanbal [gest. 855] gesagt habe, als er nach Ibn Isḥāq gefragt wurde: ›Diese Hadithe, die er überliefert‹ – und es schien, als meinte er damit die Hadithe, die den äußeren Lebensweg Mohammeds und Ähnliches betreffen –, kann man von ihm übernehmen. Wenn er dir aber mit etwas kommt, was das Erlaubte und das Verbotene angeht [d. h. was rechtlich relevant ist], dann weisen wir Leute seines Schlages zurück.‹ Al-ʿAbbās ballte seine Hände zu einer Faust, als er dies erzählte.« (al-Baihaqī 1988, Bd. I, S. 37 f.)

ner Darstellung recht unbekümmert hinsichtlich der Verlässlichkeit und Authentizität seines Materials vorging.

Dass es sich bei der Prophetenbiographie Ibn Isḥāqs – wie auch bei allen späteren Werken dieser Art – um keine Biographie im modernen Sinn handelt, wurde bereits gesagt. Stattdessen handelt es sich vor allem, wenn auch nicht ausschließlich, um eine Heilsgeschichte, die im Wirken Mohammeds ihren Höhepunkt und vorläufigen Abschluss findet. Roter Faden der Darstellung ist dabei der »narrative Mythos« der prophetischen Figur, die nicht nur für das kulturelle Gedächtnis der islamischen Gemeinde, sondern auch für die geistige Einheit des islamischen Glaubens identitäts- und sinnstiftende Leitidee ist. Schon die starke Präsenz des koranischen Textes in der Prophetenbiographie Ibn Isḥāqs weist darauf hin, dass Mohammeds Leben und Wirken hier einer Veranschaulichung und Historisierung der koranischen Botschaft dienen, folglich auch exegetischen (auslegenden) Charakter haben. Es wurde gemutmaßt, dass nicht wenige Berichte über Mohammed in so engem Zusammenhang mit dem koranischen Text stehen, dass man von einer typologischen Beziehung ausgehen muss, das heißt: »Historische« Berichte über Mohammed wurden nach den Vorgaben des Korans hervorgebracht oder umgestaltet.

Mohammed als arabischer Prophet

Neben diesen Aspekten betont schließlich die Prophetenbiographie Ibn Isḥāqs das »Arabertum« bzw. die »Arabizität« (*ʿurūba*) Mohammeds. Das zeigt sich bereits an der »arabischen« Genealogie, die dem Propheten zugeschrieben wird und von der die Gelehrten behaupteten, sie sei, anders als die biblische Abstammung des Propheten, zur Gänze gesichert und bekannt.

Die Hervorhebung des Arabertums situiert Mohammed zugleich fest in der arabischen Kultur. Im Text Ibn Isḥāqs und in den meisten späteren Werken wird dies einerseits durch die Mitteilung zahlreicher Gedichte, die anlässlich bestimmter Ereignisse zur Zeit Mohammeds verfasst worden waren, betont; derlei Dichtung galt als die wichtigste Errungenschaft der arabischen Kultur und als ihr eigentliches »Aushängeschild«. Andererseits ist in den Schilderungen der kriegerischen Aktionen, wie sie in der Prophetenbiographie vorliegen, der Einfluss altarabischer Erzählungen wahrnehmbar, die von den »Kampftagen der arabischen Stämme« (*aiyām al-ʿarab*) berichten; auch hier also eine Anleihe bei der arabischen Tradition, in die Mohammed bewusst gestellt wird.

Spezifisch arabisch ist schließlich die Tatsache, dass schon die frühesten Prophetenbiographien ausführliche Namenslisten

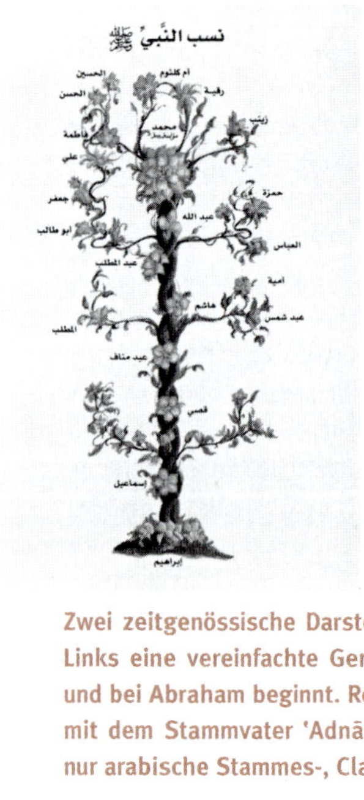

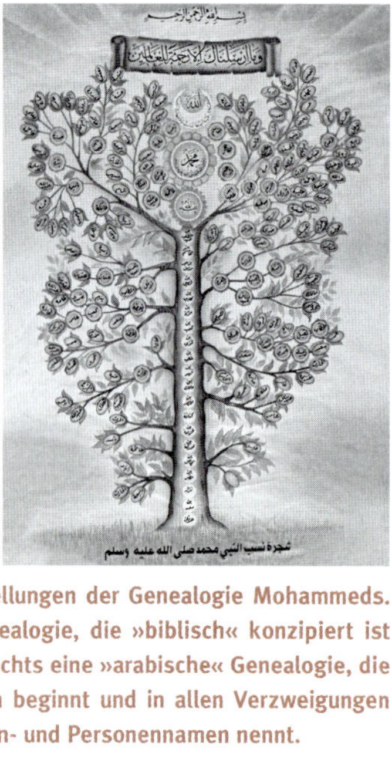

Zwei zeitgenössische Darstellungen der Genealogie Mohammeds. Links eine vereinfachte Genealogie, die »biblisch« konzipiert ist und bei Abraham beginnt. Rechts eine »arabische« Genealogie, die mit dem Stammvater ʿAdnān beginnt und in allen Verzweigungen nur arabische Stammes-, Clan- und Personennamen nennt.

derjenigen enthalten, die an namhaften Großereignissen zur Lebenszeit Mohammeds – etwa der Auswanderung nach Äthiopien oder der Schlacht bei Badr – teilgenommen hatten oder dabei umgekommen waren. Ganz offensichtlich war es den Familien der späteren Generationen wichtig, dass bekannt war, welche ihrer Vorfahren an diesen Ereignissen Anteil hatten, weil das Rang und Ansehen der Späteren beträchtlich erhöhte. Noch nach vielen Jahrhunderten war diese genealogisch weiterwirkende Teilhabe am Leben des Propheten für viele Familien bedeutsam und ist es bis in die Neuzeit geblieben.

Mohammeds Arabertum herauszustellen war aber auch in anderer Hinsicht kein unwesentliches Element der Prophetenbiographie, denn auf diese Weise wird er als »arabischer Prophet« auf zweierlei Weise profiliert: einerseits gegenüber den Juden und Christen, andererseits gegenüber den nichtarabischen Neumuslimen, die ab dem 8. Jahrhundert in die islami-

> »Unter den Kindern Abrahams erwählte Gott Ismael, unter den Nachkommen Ismaels erwählte Er die Banū Kināna, unter den Banū Kināna erwählte Er die Quraiš, unter den Quraiš erwählte Er die Banū Hāšim, und unter den Banū Hāšim erwählte Er mich«. (Eine Aussage des Propheten, zit. in mehreren Hadith-Sammlungen des 9. Jahrhunderts)

sche Gemeinde drängen. Die meisten dieser Neumuslime waren persischer Abkunft und brachten das altiranische Erbe in den islamischen Kulturkreis ein. Daraus entwickelte sich noch im 8. Jahrhundert ein regelrechter »Kulturkampf«, der unter dem Namen *šuʿūbīya* bekannt werden sollte und in dessen Verlauf die Vorrangigkeit der jeweiligen Errungenschaften der Araber und der Perser – von den Arabern *aš-šuʿūb* oder *al-ʿağam* genannt – heftig diskutiert wurden. Mohammeds »Arabizität« galt dabei den Fürsprechern der Araber als Beweis dafür, dass Gott dieses Volk vor allen anderen auserwählt hatte.

Araber und Perser

Nicht zuletzt bedient sich ja Gott des Arabischen als Sprache Seiner Offenbarung und wählte einen Araber als letzten Seiner Gesandten; Arabisch wird, so lesen wir in Hadithen, die Sprache all derer sein, die dereinst ins Paradies eingehen. Im Koran – der in »klarem, deutlichem Arabisch« zu den Gläubigen spricht (Q 16:103, 26:195) – ist mit Verweis auf das Arabertum des Propheten gesagt: »Ein Gesandter [Gottes] ist ja *aus euren Reihen* zu euch gekommen« (Q 9:128).

In diesem Zusammenhang hat der Umstand einiges Gewicht, dass Ibn Isḥāq enge Beziehungen zum Hof der Kalifen in Bagdad hatte, wo sich seit 754 das Machtzentrum der Abbasiden befand. Tatsächlich soll die Prophetenbiographie Ibn Isḥāqs ein Auftragswerk des abbasidischen Kalifen gewesen sein. Die Abbasiden, die seit 749 die Dynastie der Umaiyaden abgelöst hatten, galten aber vielen altstämmigen Arabern als Vertreter der neuen, iranisch geprägten Kultur und Geistesart. Es ist deshalb wohl kein Zufall, dass sie ein Werk in Auftrag gaben, welches Mohammeds »Arabizität« besonders herausstellt, weil damit den Interessen der Abbasiden gedient war, deren Herrschaftsanspruch und Legitimität vielfach bestritten wurden: Die Kalifen hoben das Arabertum des Propheten hervor – und schrieben es sich damit auf die eigene Fahne!

Zugleich besaßen die Muslime in Ibn Isḥāqs Werk nun eine zusammenhängende Darstellung des Lebens »ihres« Propheten, die man beim Disput über die »wahre Religion« den Juden und Christen vorlegen, also ihnen gewissermaßen »unter die Nase halten« konnte. In diesem apologetischen Sinn übernimmt die Prophetenbiographie die Funktion eines »islamischen Evangeliums«, insofern sie die gute Nachricht von der Offenbarung Gottes anhand der Lebensschilderung Mohammeds narrativ formt, veranschaulicht und zugänglich macht.

Vormoderne und Neuzeit (800 bis ca. 1800)

Nach dem Vorbild Ibn Isḥāqs (bzw. der Bearbeitung durch Ibn Hišām) wurden bis in die Neuzeit zahlreiche, mehr oder weniger ausführliche Prophetenbiographien verfasst. Dabei muss zunächst festgehalten werden, dass hieraus zu keinem Zeitpunkt eine kanonische Version von Mohammads Leben hervorging, insofern »kanonisch« ein abgeschlossenes, unantastbares Textkorpus bezeichnet, denn wie auch im Fall der Hadithsammlung bleibt das Material prinzipiell für Erweiterung und Überarbeitung offen. Allerdings entwickelte sich auf der Basis der Schriften Ibn Isḥāqs und einiger anderer (Mūsā ibn ʿUqba, al-Wāqidī, Ibn Saʿd) eine orthodoxe, also in wesentlichen Zügen von allen als gültig anerkannte Darstellung von Mohammeds Leben.

Es ist erstaunlich, dass die Beschäftigung mit diesem Leben im weiteren Rahmen der islamischen Gelehrsamkeit niemals dazu geführt hat, dass sich daraus – anders als in den Bereichen der Hadithüberlieferung, des Rechts oder des Korankommentars – ein eigenes Wissens- und Studiengebiet entwickelte. Das Feld der Prophetenbiographie behielt eine Zwitterstellung zwischen den eigentlich religiösen Wissenschaften (Hadith, Rechtskunde und -theorie, Korankommentar) und den anderen, »weltlichen« Wissenschaften mit historischer Ausrichtung (Historiographie, Genealogie, z. T. auch Poetik mit Bezug auf die altarabische Dichtung) und konnte sich deshalb nicht recht im Kurrikulum etablieren. Oft ordnete man die Prophetenbiographie einfach unter Geschichte ein, andere sahen sie als einen (nicht sehr wichtigen) Teil der Hadithüberlieferung. Dasselbe gilt von der literarischen Gattung der »Prophetenbiographie«, wie sie sich über die Jahrhunderte entwickelte, denn nur wenige Gelehrte betrachteten sie mit demselben Ernst, den sie den »echten« Wissenschaften (Hadith, Recht usw.) entgegenbrachten. Aus Sicht des akademischen Establishments haftete deshalb der Prophetenbiographie wie auch der Geschichte und verwandten Bereichen der Makel des »Amateur-

Prophetenbiographie als Wissenschaft?

»Es war immer ein großer Unterschied zwischen Traditionen, welche in Aussprüchen des Propheten und gesetzlichen und dogmatischen Bestimmungen und solchen, welche in bloßen Erzählungen bestehen. Mit der Überlieferung der erstern beschäftigten sich Theologen, Rechtslehrer und Gelehrte von Profession, und man befleißigte sich großer Genauigkeit und Gewissenhaftigkeit [...]. Die letztern hingegen dienten bloß der Erbauung [...]« (Der österreichische Orientalist Alois Sprenger über die Prophetenbiographie; Sprenger 1869, Bd. I, S. 342) haften« an; zahlreiche Gelehrte, die etwas auf sich hielten, ignorierten folgerichtig die Prophetenbiographie.

In der Zeit vom 9. bis zum 13. Jahrhundert beschäftigt man sich im islamischen Osten (Syrien, Irak, Iran) nur wenig mit der Prophetenbiographie. Die Handvoll an Schriften, die uns bekannt sind – u. a. die Kurzfassungen von Ibn Fāris (Iran, gest. 1004) und ʿAbd al-Ġanīy al-Maqdisī (Syrien, gest. 1204) – enthalten kaum neues Material und hatten keinen nennenswerten Einfluss auf die spätere Gattungsgeschichte. Tatsächlich bemühen sich die Autoren des Ostens in dieser Zeit eher um den theologisch relevanten Bereich der Prophetologie oder verarbeiten die Berichte über das Leben Mohammeds in umfassenderen Hadithsammlungen oder Universalgeschichten.

Prophetenbiographie im islamischen Spanien

Ganz anders im islamischen Westen, denn fast alle Prophetenbiographien, die zwischen 900 und 1250 entstanden, sind Schriften andalusischer Gelehrter: Ibn Ḥazm (gest. 1064), Ibn ʿAbd al-Barr (gest. 1070), schließlich al-Kalāʿī (gest. 1237). Die bedeutendste Prophetenbiographie, die im 14. Jahrhundert verfasst wurde, stammt aus der Feder von Ibn Saiyid an-Nās (gest. 1334), dessen Vater erst wenige Jahrzehnte zuvor aus dem Maghreb nach Kairo emigriert war; seine Vorfahren waren Andalusier. Warum die Prophetenbiographie bis ins 13. Jahrhundert hinein vor allem in al-Andalus florierte, hat wohl mit zwei Dingen zu tun: Zum einen zeichnete sich die Mentalität der »westlichen« Muslime durch eine starke emotionale Bindung an die arabische Heimat Mohammeds und einen geradezu romantisierenden Kult des »Arabertums« aus. Zum anderen mag das enge Zusammenleben mit Christen im islamischen Teil Spaniens dazu beigetragen haben, dass man von muslimischer Seite das Bedürfnis nach einem »islamischen Evangelium« – also einer den neutestamentlichen Schriften analogen Darstellung von Mohammeds Leben – viel stärker empfand als im islamischen Osten.

Spätere Darstellungen

Die bis heute in jeder Hinsicht grundlegenden Prophetenbiographien wurden erst spät, etwa zwischen 1400 und 1650, geschrieben. Sie basieren zwar auf den Werken Ibn Isḥāqs und anderer früher Autoren, integrieren aber das in den folgenden Jahrhunderten gesammelte Material in neue, umfassende Darstellungen. Den Anfang machte der Historiker al-Maqrīzī (gest. 1441), dessen vielbändiges Werk *al-Imtāʿ* (»Der Genuss«) eine der ausführlichsten Prophetenbiographien ist, die je geschrieben wurden; sie liegt erst seit kurzem in einem modernen Druck vor. Ihm folgten al-Qasṭallānī (gest. 1517), Šams ad-Dīn aš-Šāmī (gest. 1536), Ibn ad-Daibaʿ (gest. 1537), ad-Diyārbakrī (gest. 1559 oder danach) und al-Ḥalabī (gest. 1635), die alle in Kairo, Damaskus oder Mekka tätig waren. Bei al-Qasṭallānīs Werk handelt es sich um eine thematisch aufgebaute, enzyklopädische »Prophetenbiographie«, in welcher der chronologische Abriss von Mohammeds Leben nur einen kleinen Teil ausmacht. Ähnliches gilt auch von den *Subul al-hudā* (»Pfaden der Rechtleitung«) aš-Šāmīs, der umfassendsten Prophetenbiographie überhaupt. Auch sie wurde erst vor wenigen Jahren vollständig gedruckt. Ganz der chronologischen Darstellung und dem Vorbild Ibn Isḥāqs verpflichtet sind Ibn ad-Daibaʿ, ad-Diyārbakrī und al-Ḥalabī. Alle diese Werke (entstanden zwischen 1430 und 1650), die bisher in keine westliche Sprache übersetzt wurden, müssen den modernen Darstellungen zugrunde gelegt werden, zumal in ihnen aus vielen heute verlorenen Schriften zitiert wird und sie Material in einer Fülle bieten, die nichts zu wünschen übrig lässt.

Neben diesen Prophetenbiographien enthalten viele Universalgeschichten des 14. und 15. Jahrhunderts sowie die in derselben Zeit entstandenen Stadtchroniken von Medina und Mekka ausführliche Darstellungen vom Leben Mohammeds. Seit dem 13. Jahrhundert sind auch gereimte Prophetenbiographien sowie (meist philologische) Kommentare zu älteren Werken bekannt.

Als eigene Untergattung der Prophetenbiographie liegen seit dem 13. Jahrhundert Schriften vor, die sich speziell den Ehefrauen und Familienangehörigen Mohammeds widmen. Die beiden bekanntesten Werke dieser Art stammen von dem in Mekka tätigen Muḥibb ad-Dīn aṭ-Ṭabarī (gest. 1295) und dem Ägypter ad-Dimyāṭī (gest. 1306). Im 16. Jahrhundert kam dann die Mode auf, kleine Abhandlungen über Einzelthemen der Prophetenbiographie zu verfassen, so etwa über Mohammeds Eltern oder seine Himmelsreise.

Ehefrauen, vgl. S. 56 f.

Die bisher genannten Werke gehören der literarischen Gattung der Prophetenbiographie im eigentlichen Sinn an, sind also gut recherchierte, mit Quellenangaben versehene Schriften, die als »gelehrt« betrachtet werden können. Daneben finden sich ab dem 13. Jahrhundert aber auch volkstümliche Schriften über das Leben des Propheten, welche sich auf die narrative Schilderung beschränken. Sie sind durch romanhafte Elemente (samt Erfindung von Charakteren und Begebenheiten) und eine generelle Lebendigkeit der Darstellung (direkte Reden, Dialoge, Ansprachen an den Leser) gekennzeichnet.

Volkstümliche Prophetenbiographien

Wir wissen über dieses Genre nur schlecht Bescheid, weil das meiste verloren ist. Die Gegnerschaft der etablierten Gelehrten gegenüber derlei »Volkskram«, oft als »Märchen« abgetan oder als »Lügengeschichten« diffamiert, hat dazu geführt, dass nur wenige Texte erhalten sind. Eines dieser volkstümlichen Werke, die überliefert sind, ist das *Kitāb al-Anwār* (»Buch der Lichter«), welches einem gewissen Abū l-Ḥasan al-Bakrī zugeschrieben wird. Der Autor ist nicht recht greifbar und soll im 12. Jahrhundert gelebt haben.

»Das Buch der Lichter«

Al-Bakris Werk enthält vor allem bunte Erzählungen zur Geschichte der Eltern und Verwandten Mohammeds aus der Zeit vor seiner Geburt, sodann auch eine Schilderung der Geburt des Propheten, der damals geschehenen Wunderzeichen und einiger Ereignisse während seiner Jugend. Zahlreiche Gedichte, die zur Auflockerung in die Erzählung eingeschoben wurden, runden die Darstellung ab. Dass gerade die Geburt und die frühen Jahre Mohammeds im Mittelpunkt stehen, weist auf den »Sitz im Leben« dieser volkstümlichen Literatur hin: Man trug derlei Erzählungen öffentlich vor, wann immer festliche Anlässe dazu Gelegenheit boten, und der wichtigste Anlass waren und sind die jährlichen Feiern von Mohammeds Geburtstag.

Das wenigste aus al-Bakrīs Darstellung ist in den »gelehrten« Prophetenbiographien nachzuweisen, denn sie liefert keinen historischen Bericht, sondern basiert auf einer Erzähltradition, die in Sprachstil und Freude am Wunderhaften den *Erzählungen aus Tausendundeiner Nacht* nahesteht. Viele muslimische Gelehrte, etwa Ibn Taimīya (gest. 1328) oder aḏ-Ḏahabī (gest. 1348), verdammten al-Bakrī und sein Werk; der Historiker aḏ-Ḏahabī schreibt in seiner *Islamischen Geschichte*: »Al-Bakrī, Urheber der bekannten Märchengeschichten, erreichte den Gipfel der Verlogenheit und zügellosen Erfindung. Jeder, der sich seine Schriften näher ansieht, wird ohne Zweifel so urteilen müssen.« Für unsere Kenntnis der populären Darstellung des Propheten in der Vormoderne ist das Werk al-Bakrīs jedoch außerordentlich bedeutsam.

»Das ›Buch der Lichter‹, das dem al-Bakrī zugeschrieben wird, ist das schlimmste aller Bücher, in denen Lügen und frei Erfundenes über den Gottgesandten und seine Gefährten verbreitet werden. Aller erfundene Blödsinn, der sich darin findet, ist von der gleichen Art wie in den Abenteuergeschichten von ʿAntara oder in den Erzählungen vom Kalifen Hārūn ar-Rašīd. [...] Aber dort werden keine Lügen über die früheren Propheten oder den Gottgesandten verbreitet, wohingegen al-Bakrī Lügen über Mohammed erzählt und dabei so schamlos lügt wie niemand vor ihm!« (Der Theologe Ibn Taimīya [gest. 1328] in seinem Handbuch zur Hadith-Wissenschaft)

Moderne und Gegenwart

Das 19. und 20. Jahrhundert brachten eine große Zahl an neuen und teils auch innovativen Darstellungen von Mohammeds Leben in allen bedeutenden Islamsprachen hervor. Viele der moderneren Schriften liegen auch auf Deutsch oder Englisch vor. Zudem bieten die Formen des 20. Jahrhunderts, etwa der Film oder – neu in der islamischen Welt – das Schauspiel, neue Möglichkeiten, sich dem Thema zu widmen.

Umbruch im 19. Jahrhundert

Die politischen Umwälzungen und der Kulturbruch, wie sie spätestens seit 1820 in der gesamten islamischen Welt zu beobachten sind, hatten großen Einfluss auf die neueren Darstellungen. Grundsätzlich gilt, dass die meisten der im 20. Jahrhundert entstandenen Prophetenbiographien nicht mehr allein auf Basis der traditionellen Quellen und früheren Werke, sondern auch mit Blick auf die westliche Auseinandersetzung mit Mohammed geschrieben wurden; ob die westlichen Darstellungen dabei als Bereicherung aufgenommen oder als ungerechtfertigte Kritik an der islamischen Überlieferung abgelehnt werden, hängt von der Einstellung des jeweiligen Autors ab. Da im folgenden eine generelle Behandlung der modernen islamischen Prophetenbiographie unmöglich ist, soll nur auf die bekannten Darstellungen von Mohammeds Leben eingegangen werden, die im 20. Jahrhundert in Ägypten verfasst wurden.

Bemerkenswert sind zunächst die beiden ganz unterschiedlichen Werke, die zwei der berühmtesten Schriftsteller Ägyptens in den 1930er Jahren publizierten: das dreibändige Werk *ʿAlā hāmiš as-sīra an-nabawīya* (»Randbemerkungen zur Prophetenbiographie«, ab 1933) von Ṭāhā Ḥusain und das Theaterstück *Mohammed* (1936) von Taufīq al-Ḥakīm.

Ṭāhā Ḥusain

Der frankophile Literat Ḥusain, von Kindheit an blind, träumte zeitlebens von einer kulturellen Symbiose von Ost und West und versuchte in vielen seiner Werke die arabische Leserschaft mit der abendländischen Philosophie und Literatur vertraut zu machen. Er hatte sich 1925 den Ärger der arabischen Nationalisten wie auch der orthodoxen Sunniten zugezogen, als er in einem Buch die Echtheit der altarabischen, vorislamischen Dichtung bestritt. Das Buch musste zurückgezogen werden und konnte danach nur in einer abgemilderten Fassung erscheinen. Als Ḥusain wenige Jahre später seine romanhafte Darstellung vom Leben Mohammeds veröffentlichte, war er dementsprechend vorsichtig. Im Vorwort schreibt er: »Diese Seiten sind weder für die Gelehrten noch für die Historiker geschrieben [...] Sie geben nur den Eindruck wieder, den ich gewann, als ich die [alten] Prophetenbiographien las. [...] Ich verbat mir künstlerische Freiheit und erzählerische Weitschweifigkeit bei allem, was die Person des Propheten oder Fragen der Religion betrifft; vielmehr hielt ich mich dabei an alles, an das sich schon die früheren Gelehrten gehalten hatten.« Sein Buch sei daher, so schreibt er weiter, »alt in Kern und Wesen, doch neu in Gestalt und Form«. Die neue Gestalt ist eben die romanhafte, durch zahlreiche direkte Reden und

Dialoge belebte Schilderung, die, wie Ḥusain ebenfalls betont, dem modernen Leser das alte Material in zeitgemäßer Form und in der Sprache der Gegenwart bieten wolle.

Taufīq al-Ḥakīm

Ähnlich motiviert war auch Taufīq al-Ḥakīm, der aber anders als Ḥusain keinen historischen Roman schrieb, sondern ein Theaterstück. Er habe sich gefragt, so sagt al-Ḥakīm im Vorwort, wie man ein Geschehen längst vergangener Zeiten dem heutigen Leser nahebringen könne. Da sei ihm die Idee gekommen, dies »in dieser seltsamen Form« eines Theaterstücks zu tun, denn nur so ereigne sich alles vor den Augen des Lesers und nur so könne die zeitliche Distanz, die zwischen den historischen Ereignissen und der Gegenwart liege, überwunden werden. Dass al-Ḥakīm im Vorwort wiederholt vom »Leser« spricht, zeigt aber, dass er eher an die Lektüre als an eine Aufführung seines Werks gedacht hat. Tatsächlich wäre eine Aufführung seines langen Textes, der zahlreiche Akteure in einem Prolog, vier großen Aufzügen und jeweils Dutzenden von Szenen zu Wort kommen lässt, nur schwer durchführbar. So handelt es sich bei al-Ḥakīms Theaterstück eher um ein Drehbuch mit Regieanweisungen, und tatsächlich sollte er Jahrzehnte später an der Erstellung der Dialoge des Kinofilms *Mohammed – Der Gesandte Gottes* (1976) beteiligt sein.

Beiden Autoren, Ḥusain wie al-Ḥakīm, war es wichtig, den Stoff der klassischen Prophetenbiographien, deren Darstellungsformen sie für antiquiert hielten, in moderner Aufmachung – sei es als Roman westlicher Prägung oder als Theaterstück – den Menschen ihrer Zeit neu zugänglich zu machen. Das dialogische Element stand für beide im Mittelpunkt, weil sich so die herkömmliche Erzählperspektive in die Perspektive der Protagonisten umwandeln ließ, was nicht nur Gegenwärtigkeit suggeriert, sondern es den Autoren auch ermöglichte, das gelehrte, heute teils unverständliche Arabisch der alten Texte in die flüssigeren Formen der modernen Hochsprache zu übertragen. Dennoch legten sowohl Ḥusain als auch al-Ḥakīm großen Wert auf Texttreue, und so finden sich in ihren Dialogen viele, oft wörtliche Übernahmen aus alten Berichten über Mohammed. Trotz aller Neuheit der Darstellung hat man daher Ḥusains und al-Ḥakīms Werke als »neo-traditio-

Erste Szene
(*Auf einer der Hausburgen in Yaṯrib [Medina], in der Nacht*)
Ein Jude: (*laut schreiend*) »Ihr Juden!«
(*Mehrere Juden laufen herbei und scharen sich um ihn*)
Die Juden: »Weh dir! ... Was soll dein Geschrei?«
Ein Jude: (*deutet zum Himmel*) »Seht nur! ... Seht nur!«
Die Juden: (*suchen mit ihren Augen den Himmel ab*) »Was gibt es da zu sehen?«
Ein Jude: (*deutet zum Himmel*) »Heute nacht ging ein Stern auf! – Der Gepriesene [Aḥmad = Mohammed] ist da!«

Zweite Szene
(*'Abd al-Muṭṭalib bei der Kaaba*)
Eine Frau: (*läuft rufend auf ihn zu*) »Preise dich glücklich, O 'Abd al-Muṭṭalib! ... Preise dich glücklich!«
'Abd al-Muṭṭalib: »Was ist geschehen?«
Eine Frau: »Āmina hat einen Sohn geboren! Es ist aber kein Kind wie alle anderen!«
'Abd al-Muṭṭalib: »Einen Sohn?«
Eine Frau: »Ich sah, als er geboren wurde, wie aus ihr ein Licht hervorging, mit dem sie die Burgen von Bosra im fernen Syrien sehen konnte!«
'Abd al-Muṭṭalib: »Bei Gott! Das ist ja wie die Vision, die ich gesehen habe! ... Laß uns zu ihr gehen!«
(Beginn des Prologs im Theaterstück *Mohammed* von Taufīq al-Ḥakīm, Kairo 1936)

nell« bezeichnet, weil sich aus ihnen kein im Grundsatz neuartiges Mohammedbild ergibt, sondern dieses lediglich mit modernen Mitteln und formalen Anleihen bei westlichen Literaturgattungen neu inszeniert ist.

Weitere, ebenfalls einflussreiche Darstellungen vom Leben Mohammeds, die im Ägypten des 20. Jahrhunderts veröffentlicht wurden, sind konventioneller und entsprechen in ihrem sachlichen oder essayistischen Stil dem, was auch ein westlicher Leser von einer modernen »Mohammedbiographie« erwarten würde. Zu nennen wären hier etwa *Ḥayāt Muḥammad* (»Das Leben Mohammeds«) von Muḥammad Ḥusain Haikal, zuerst veröffentlicht 1936, und *'Abqarīyat Muḥammad* (»Das

Genie Mohammeds«) von ʿAbbās Maḥmūd al-ʿAqqād, zuerst erschienen 1942.

Haikal und al-ʿAqqād

Anders als die Literaten Ḥusain und al-Ḥakīm waren Haikal und ʿAqqād zeitlebens in das öffentliche Leben Ägyptens involviert und politisch aktiv. Der Journalist und Anwalt Haikal war in den 1920er Jahren an der Gründung einer Partei beteiligt, gab deren Zeitschrift heraus und war später als Minister für Bildung und Erziehung tätig. Allerdings steht Haikals Prophetenbiographie, die der »Verteidigung« der islamischen Überlieferung dienen soll und ganz eng an diese angelehnt ist, in seltsamem Kontrast zu seiner politischen Karriere und ist als Ergebnis seiner persönlichen Rückbesinnung auf den Islam gedeutet worden. Sein Buch ist in viele Sprachen, auch ins Deutsche, übersetzt worden und erreichte viele westliche Leser. ʿAqqāds Schrift »Das Genie Mohammeds« ist, der rationalistischen Ausrichtung ihres Verfassers entsprechend, ein Versuch, die religiöse Originalität des Propheten vor dem Hintergrund westlicher Denkmuster darzulegen, und nur teilweise als »Biographie« angelegt. Sie wurde im übrigen als Teil einer Reihe veröffentlicht, in der al-ʿAqqād u. a. auch »das Genie« anderer Religionsstifter (Jesus, Buddha) würdigt.

All diesen Werken ist gemein, dass in ihnen deutlich wird, wie sich Angehörige der islamischen Kultur während des 20. Jahrhunderts am Beispiel Mohammeds um eine moderne islamische Identität bemühen. In diesem Sinn ist der »narrative Mythos« Mohammeds nach wie vor von großer Aktualität, mögen auch die klassischen Darstellungsformen nicht mehr als zeitgemäß angesehen werden. Die letzten Jahrzehnte haben aber auch gezeigt, dass die in der ersten Hälfte des 20. Jahrhunderts unter modernistischen Vorzeichen entstandenen Darstellungen vom Leben Mohammeds als Ergebnis der Re-Traditionalisierung weiter Teile der Bevölkerung in den islamischen Ländern zunehmend an Beliebtheit verlieren. Große Popularität genießen derzeit neue Prophetenbiographien, die traditionellen Darstellungsmustern verhaftet und aus orthodox sunnitischer Sicht geschrieben sind. Das bekannteste Werk dieser Art ist die zuerst 1995 erschienene Prophetenbiographie *ar-Raḥīq al-maḫtūm* (»Der frisch gehaltene [wörtl.

versiegelte] Nektar«) des aus Indien stammenden und später in Mekka wirkenden Religionsgelehrten Ṣafīy ar-Raḥmān al-Mubārakfūrī.

In westlichen Sprachen wurde im 20. Jahrhundert eine Reihe von Prophetenbiographien vorgelegt, die aus islamischer Innensicht geschrieben sind, auf Deutsch namentlich *Mohammed* (1932) von Mohammed Essad Bey (eigentl. Leo Noussimbaum), auf Englisch die 1983 zuerst erschienene Darstellung von Martin Lings (alias Abū Bakr Sirāǧ ad-Dīn, gest. 2005). Man könnte gar das 1917 von Alfred Henschke alias Klabund veröffentlichte Buch *Mohammed. Roman eines Propheten* in diese Reihe stellen, da es sich auf der ersten Seite auf Ibn Isḥāq beruft. Die Darstellung, welche vor allem die mekkanische Periode Mohammeds umfasst, ist allerdings sehr frei – eben ein »Roman« und keine wirkliche »Prophetenbiographie« – und weicht in vielen Details von der islamischen Überlieferung ab.

Die rege Publikationstätigkeit islamischer Verlage in Europa und den USA hat jüngst zu einer Flut weiterer Lebensschilderungen in westlichen Sprachen geführt, die für gewöhnlich der orthodoxen Version der Prophetenbiographie folgen und keinen wissenschaftlichen Anspruch erheben, sondern der Erbauung dienen.

Neue Konzepte, neue Medien

Die Vielfalt der modernen medialen Möglichkeiten ist auch für das Leben Mohammeds nutzbar gemacht worden. Einerseits werden neue Formate der Printmedien herangezogen, andererseits wird der Stoff zum Thema von Kinofilmen und multimedialen Präsentationen. Ein interessanter Versuch, die traditionelle Prophetenbiographie in gedruckter Form neu zu vermitteln, ist der *Aṭlas as-sīra an-nabawiya* (»Atlas zur Prophetenbiographie«) von Šauqī Abū Ḫalīl (Beirut 2003). In ihm werden mit hunderten von Karten und Abbildungen die Schauplätze und Ereignisse der Prophetenbiographie visualisiert.

Sowohl in den großen Islamsprachen als auch in westlichen Sprachen liegt eine inzwischen umfangreiche Literatur vor, die Mohammeds Leben für Kinder aufbereitet. Dazu zählen

Schulbücher und Comics

nicht nur Texte für den Schulunterricht, sondern auch »Gute-Nacht-Geschichten« oder Comics. Angesichts der im Islam üblichen Sitte, das Gesicht oder die Person Mohammeds nicht abzubilden, erzählen die Comics sein Leben, ohne ihn selbst (oder seine Frauen) zu zeigen. Gezeigt werden lediglich seine Gefährten, während die Ereignisse zum Teil durch die Bilder, hauptsächlich aber durch die Informationen in den Sprechblasen geschildert werden.

Dieses Problem der Abbildung betrifft auch die Verfilmungen.

Mohammed auf der Leinwand

Ein erster Kinofilm über Mohammeds Leben, in dem ägyptische Schauspieler agieren sollten, wurde bereits 1925 von einer deutschen Filmgesellschaft geplant, doch nach Bekanntwerden des Vorhabens gab es in Ägypten so heftige Proteste, dass man das Projekt fallen ließ. Auch ein Mohammedfilm, den der iranische Schriftsteller Zain al-ʿĀbidīn Rāhnamā, der auch eine dreibändige Prophetenbiographie aus schiitischer Sicht verfasst hatte, Anfang der 1960er Jahre plante, wurde nicht realisiert.

Die bekannteste Verfilmung, die in späteren Jahrzehnten verwirklicht werden konnte, ist der im Jahr 1976 entstandene Streifen *Mohammed – Der Gesandte Gottes* (*ar-Risāla/The Message*), dessen arabische und englische Fassungen mit je verschiedenen Schauspielern gedreht wurden. Mohammed selbst wird in dem Film nicht gezeigt, doch gibt es viele Kameraeinstellungen, die das Geschehen aus der Sicht des Propheten, also »aus seinem Augenwinkel«, abbilden. Der Film wurde in Marokko und Libyen gedreht und ist im Westen vor allem durch Anthony Quinn bekannt geworden, der in der englischen Fassung einen Part hat. Die Boxlegende Muhammad Ali soll sich vor Drehbeginn angeboten haben, die Rolle des schwarzen Gebetsrufers Bilāl zu übernehmen, was der Regisseur Muṣṭafā al-ʿAqqād jedoch ablehnte.

Werner Ende hat die Entstehungsgeschichte und Rezeption von al-ʿAqqāds Film minutiös nachgezeichnet und weist nach, dass es einerseits die Tatsache der filmischen Umsetzung überhaupt, andererseits vermeintlich pro-schiitische Tendenzen des Drehbuchs waren, die unter orthodoxen Sunniten zu erbitterten Protesten führten; wie der SPIEGEL im Juni 1977 berichtete, gab es auch in Deutschland Demonstrationen vor Kinos, die den Film zeigten. In einigen islamischen Ländern, namentlich in Ägypten, ist der Film nicht zu sehen gewesen, obwohl sich islamische Autoritäten an staatlichen Institutionen auch positiv über ihn geäußert hatten. Eine tragische Note erhält die Geschichte dieses Films durch den Tod des syrischen Regisseurs al-ʿAqqād, der im November 2005 bei einem Selbstmordanschlag in Amman schwer verletzt wurde und wenige Tage später verstarb.

Seit *Mohammed – Der Gesandte Gottes* wurde kein weiterer Kinofilm über dieses Thema gedreht. Allerdings entstand im Jahr 2002 ein Zeichentrickfilm mit dem Titel *Muhammad, the Last Prophet* (»Mohammed, der letzte Prophet«). Regie führte Richard Rich, der zuvor für Disney gearbeitet hatte.

Internet und Satelliten-TV

Inzwischen werden auch Audio-CDs, DVDs und Videoclips im Internet dazu genutzt, Mohammeds Leben in populärer Form zu verbreiten. Die mir bekannten Videoclips liefern freilich keine visuelle Umsetzung der Prophetenbiographie, sondern bestehen meist aus der Rezitation eines entsprechenden Textes mit visueller »Untermalung«. Islamische Fernsehsender haben in den letzten Jahren Serien über das Leben Mohammeds produziert, die dank Satellit viele Zuseher erreichen. Ihre künstlerische Qualität ist aus westlicher Sicht eher dürftig, die Zeichnung der Charaktere sowie die Schilderung der Ereignisse sind sehr holzschnittartig und regen kaum zum Nachdenken an, sondern verfestigen dogmatische Denkmuster.

Islamische Prophetologie

Neben der Gattung der Prophetenbiographie, in der das Leben und Wirken Mohammeds eine chronologisch angeordnete, narrative Darstellung erfährt, brachte die Beschäftigung mit den theologischen Aspekten von Mohammeds Prophetentum ab dem 9. Jahrhundert eine eigene Wissenschaft hervor, die den »Anzeichen« (*aʿlām*) für oder »Hinweisen« (*dalāʾil*) auf Mohammeds Prophetentum gewidmet ist. Bis ins 13. Jahrhundert wurden Dutzende Schriften in diesem Bereich verfasst, von denen allerdings viele nicht erhalten sind.

Gut bekannt und überliefert sind hingegen die Werke aus dem 14. Jahrhundert und der Zeit danach.

Beweise für das Prophetentum

Hauptgegenstand dieser Werke sind die »Beweise«, die das Prophetentum Mohammeds bestätigen und somit unbezweifelbar machen. Zu derlei Beweisen zählen einerseits Stellen aus heiligen Schriften (dem Koran, aber auch den biblischen Büchern), die aus islamischer Sicht über sein Prophetentum Auskunft geben, andererseits die Beglaubigungswunder (*muʿǧizāt*), wie sie in der Überlieferung berichtet werden. In späterer Zeit, ab dem 15. Jahrhundert, sprach man zunehmend auch von den *ḫaṣāʾiṣ* Mohammeds, also von seinen »besonderen Eigenschaften«. Darunter verstand man alle aus der Überlieferung bekannten Umstände und Vorfälle zur Zeit Mohammeds, welche ihn als Propheten vor den anderen, biblischen und vorislamischen Propheten auszeichnen.

»Wer Zeuge seiner [d. h. Mohammeds] Lebensumstände gewesen ist, wer die Berichte gehört hat, die über seine Anlagen, seine Taten, seine Lebensumstände, seine Gewohnheiten, seine Charakterzüge, seine Richtlinien für alle Arten der Geschöpfe Auskunft geben, [...] samt allem, was erzählt wird über seine wundersamen Antworten auf knifflige Fragen, über die großartigen Anordnungen, die er zum Wohl der Schöpfung getroffen hat, über seine wertvollen Fingerzeige zur Analyse des Buchstabensinns des Gesetzes- und Offenbarungswissens, [eines Bereichs,] bei dem ja selbst die Juristen und Kundigen während ihres langen Lebens nicht über das Verständnis der Anfangsgründe aller darin enthaltenen Subtilitäten hinauskommen – wer also all dies gehört hat, der wird nicht im Unklaren oder im Zweifel sein, dass dies nicht auf einem Weg zu erlangen war, zu dem die Kraft, die den Menschen gegeben ist, ausreicht, vielmehr wird er es sich nicht anders vorstellen können, als dass dies nur durch himmlischen Beistand und göttliche Kraft möglich war und dass dies unmöglich einem Lügner oder einem Schwätzer zukommen kann. Seine Eigenschaften und seine Lebensumstände waren also ganz verlässliche und sichere Zeugen für seine Wahrhaftigkeit.« (Der berühmte Gelehrte Abū Ḥāmid al-Ġazālī [gest. 1111] in seinem Buch *Wiederbelebung der religiösen Wissenschaften*)

Die Prophetologie nimmt ihren Anfang in einer Auseinandersetzung über das Prophetentum, die innerhalb der muslimischen Gemeinde vom späten 8. Jahrhundert an geführt wurde: Hadithgelehrte, konservative Theologen und Vertreter der Muʿtazila diskutierten, ob und inwiefern Beglaubigungswunder und andere »Anzeichen« zum Erweis von Mohammeds Prophetentum überhaupt erforderlich seien, und, wenn ja, in welcher Weise diese die Wahrhaftigkeit des Propheten – die »Wirklichkeit« seines Prophetentums – tatsächlich erweisen. Sunniten und Schiiten hingegen stritten darüber, ob derartige Anzeichen bzw. Beglaubigungswunder nur einem Propheten oder auch anderen von Gott ausgezeichneten Personen, etwa den schiitischen Imamen, zukommen können, was von den Sunniten vehement abgelehnt wurde und wird.

Auseinandersetzung mit Juden und Christen

Ebenso relevant war die Problematik der »Anzeichen des Prophetentums« bei der Diskussion mit Vertretern der älteren monotheistischen Religionen, die Mohammeds Prophetentum nicht anerkannten. Es ist deshalb kaum ein Zufall, dass die meisten Texte, die sich mit den »Anzeichen des Prophetentums« beschäftigen, ausführlich auf die jüdischen und christlichen Schriften eingehen und in ihnen Beweise für die Wahrhaftigkeit Mohammeds zu finden hoffen. Das erste uns erhaltene Buch im Bereich der Prophetologie stammt von Ibn Rabban aṭ-Ṭabarī (gest. 861), einem zum Islam konvertierten Christen.

Die Rolle der Konvertiten

Dass speziell die Beglaubigungswunder als Motiv für den Übertritt zum Islam einen entscheidenden Stellenwert besaßen, mag daran deutlich werden, dass der zum Islam konvertierte Jude as-Samau'al (= Samuel) ibn Yaḥyā al-Maġribī (gest. 1176) explizit sagt, die Kenntnis von den prophetischen Beglaubigungswundern habe ihn zum Übertritt veranlasst. Das umfassendste und bis heute grundlegende Werk zur islamischen Prophetologie, mit dem Titel *Dalā'il an-nubūwa* (»Hinweise auf das Prophetentum«), schrieb im 11. Jahrhundert al-Baihaqī (gest. 1066), der im heutigen Iran lebte und wirkte. Die moderne Druckausgabe seines Werks umfasst sieben Bände und liegt im Wesentlichen allen zeitgenössischen Arbeiten zur Prophetologie zugrunde.

Die islamische Prophetologie, die bisher von westlichen Wissenschaftlern nur unzureichend erforscht worden ist, steht tatsächlich im Mittelpunkt der islamischen Glaubenslehre und gleichberechtigt neben der Theologie, der Gotteslehre im Besonderen. Überblickt man die islamische Geistesgeschichte bis zum heutigen Tag, so mag die Bedeutung der Prophetologie die der Theologie sogar um einiges übertreffen, zumal die Gegner des Islams nur selten den islamischen Gottesbegriff, stets aber das Prophetentum Mohammeds ablehnten, was wiederum entsprechende Reaktionen auf islamischer Seite bewirkt hat.

Segensbitte und Heilkunst

Abgesehen von den großen Hauptthemen der islamischen Prophetologie – der Beschäftigung mit den Schriftzeugnissen und den Beglaubigungswundern – entwickelten sich ab dem 12. Jahrhundert einige Sonderdiskurse, die erst spät als Bestandteile der eigentlichen Prophetologie angesehen wurden. Einer dieser Diskurse betrifft das sogenannte *ṣalāh ʿalā n-nabī*, also »das Segensgebet für den Propheten«, das kurz auch *taṣliyah* genannt wird. Es war nämlich lange Zeit umstritten, ob man einen Segenswunsch über den Propheten sprechen dürfe oder gar solle – etwa nach der Erwähnung seines Namens oder im Rahmen des Gebets –, da doch, so argumentierten die Kritiker, Mohammed als Gottes »Auserkorener« (*al-muṣṭafā*) vor allen Menschen und als irdische Verkörperung des »vollkommenen Menschen« gewiss nicht den Segen der Gläubigen »nötig habe«.

Bedarf Mohammed Gottes Segen?

Der lange Streit über diese Frage wurde von der sunnitischen Orthodoxie zugunsten der Segensbitte entschieden und gilt allgemein als beigelegt. Die meisten Muslime betrachten heute die Segenssprechung für Mohammed – sie lautet für gewöhnlich *ṣallā llāhu ʿalaihi wa-sallam*, »Gott segne ihn und gebe ihm Heil [oder auch: ... und grüße ihn]!« – als obligatorisch, vor allem nach der Nennung seiner Person; sie findet im mündlichen wie im schriftlichen Gebrauch regelmäßig Anwendung.

Ein anderer wichtiger Sonderdiskurs betrifft die Heilkunst des Propheten, von der in der Überlieferung berichtet wird; man bezeichnet sie üblicherweise als »prophetische Medizin« (*ṭibb nabawī*). Zahlreiche Rezepte und Heilmittel, die der Pro-

Die »Prophetenmedizin«

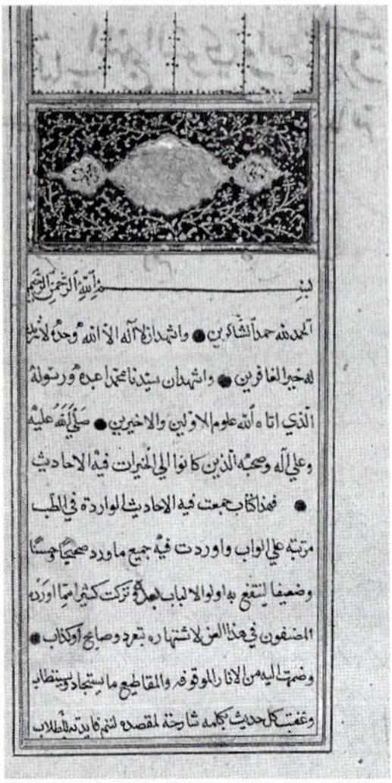

Erste Seite eines Handbuchs zur prophetischen Medizin, das Ǧalāl ad-Dīn as-Suyūṭī (gest. 1505) zugeschrieben wird

phet empfohlen haben soll, wurden schon ab dem 10. Jahrhundert gesammelt und aufgeschrieben. Angesichts der Re-Traditionalisierung weiter Teile der islamischen Öffentlichkeit in der Gegenwart erfreut sich dieses Thema auch heute (wieder) großer Beliebtheit. Kleine Heftchen, welche über die »prophetische Medizin« mehr oder weniger ausführlich informieren, werden an den Bücherständen aller islamischen Städte verkauft.

Schwerpunkt der »prophetischen Medizin« sind z. B. Rezepte für Kräutermischungen, daneben aber auch Anweisungen für als heilkräftig angesehene Rituale wie etwa das Rezitieren von Koranversen bei bestimmten Erkrankungen oder Vorschriften zur körperlichen Enthaltung. Neben allgemeinen Beschwerden und Verletzungen werden Krankheiten wie »Traurigkeit« (Depression) oder der »böse Blick« behandelt. Die islamischen Gelehrten grenzen die »prophetische Medizin« von anderen, nicht anerkannten Arten der Heilung ab, besonders wenn diese Züge von Magie oder unorthodoxen Praktiken aufweisen. Die Stellung der »prophetischen Medizin« in den islamischen Gesellschaften kann dabei mit der Stellung der Homöopathie (in Konkurrenz zur Schulmedizin) in den westlichen Gesellschaften verglichen werden.

In historischer Sicht hat die »prophetische Medizin« in der islamischen Welt zu keiner Zeit die Ausübung der »klassischen« (»hippokratischen« oder galenischen), naturwissenschaftlich geprägten Medizin beeinträchtigt oder gar verdrängt. Tatsächlich wurden die beiden Arten der Heilkunst von ganz unterschiedlichen Personenkreisen betrieben, und in der jeweiligen Literatur ist bis ins 13. Jahrhundert keine gegenseitige Beeinflussung, danach nur eine einseitige Übernahme von seiten der »graeco-arabischen« Mediziner festzustellen. Heute ist die »prophetische Medizin« Teil des Kurrikulums der spirituellen Heiler, die in vielen islamischen Ländern (und auch unter den Muslimen in Deutschland) tätig sind.

»Mohammed braucht tatsächlich unsere segenswünsche nicht. Sie werden nur als ausdruck unserer dankbarkeit verlangt. Die *taṣliyah* ist keine fürbitte [...] von uns für ihn, denn unseresgleichen leistet einem wie dem profeten keine fürsprache. [...] Die segenssprechung ist also ein ausdruck der dankbarkeit für die wohltaten, die die menschheit von Mohammed empfangen hat, und zugleich eine vorleistung für die fürbitte, die man vom profeten erhofft. Darüber hinaus soll sie aber auch der ehre des profeten dienen, ist sie eine bitte um vermehrung seiner ehre, so als ob man sagte: O Gott, vermehre Mohammeds ehre, hochschätzung, achtung und nähe!« (Meier 2002, S. 242 f.)

Wirkung

Das Mohammedbild in der islamischen Welt

Mohammed in seiner Eigenschaft als Prophet besitzt seit jeher eine zentrale Rolle im Islam, sowohl auf der Ebene der gelehrten »Hochkultur« (Koranforschung, Theologie, Rechtswissenschaft u. a.) als auch im Bereich der Volksfrömmigkeit. Dennoch ist über die Jahrhunderte ein deutliches Anwachsen der Mohammed-Verehrung und »Mohammed-Frömmigkeit« in allen Teilen der islamischen Welt spürbar. Der markanteste Zeitpunkt dieser Entwicklung ist die Wende zum 13. Jahrhundert, denn nach 1200 gewinnen viele, zuvor kaum bekannte Aspekte und Formen, Mohammed zu verehren, an Bedeutung und Popularität. Nun beginnt man z. B. jährlich seinen Geburtstag zu feiern oder Lobpreisungen auf den Propheten zu dichten. Daneben wird Mohammed aber auch zunehmend ein Objekt der gelehrten Literatur und der Sufik, d. h. der islamischen Theosophie und Mystik.

Mohammed-Verehrung nach 1200

Hauptursache für diese Entwicklung ist erstens, dass sich der sunnitische Islam im islamischen Osten in den Jahrzehnten nach 1200 weitestgehend durchgesetzt hatte, was durch den Zusammenbruch des schiitischen Kalifats der Fatimiden in Ägypten begünstigt wurde. Für die Sunniten wird Mohammed die zentrale Identifikationsfigur, was als Gegenentwurf zur Imamatstheologie der Schiiten gesehen werden kann, in der Mohammed keine vergleichbare Position einnimmt. Zweitens wurde nach 1200 die christliche Rückeroberung des islamischen Spanien (*reconquista*) härter und erfolgreicher, wodurch viele Muslime aus Valencia, Sevilla oder Cordoba gezwungen waren, auszuwandern. Im dezidiert sunnitischen und von der malikitischen Rechtstradition dominierten »andalusischen« Islam hatte aber Mohammed stets eine herausragende Rolle gespielt, was nun die spanischen Emigranten als religiöses und kulturelles Erbe in den islamischen Osten mitbrachten. Schließlich hat die im 13. Jahrhundert sich rasch ausbreitende Sufik die Verehrung Mohammeds gefördert. Auch hier kommen entscheidende Impulse aus dem islamischen Westen (Maghreb), wie nicht nur das Wirken von Ibn

»Der Islam ist der Fuß der Religion, der Glaube ihre beiden Unterschenkel, die Gewissheit ihre beiden Oberschenkel, das rechtschaffene Tun ihre beiden Hüftseiten, das geduldige Ertragen ihr Rücken, die Genügsamkeit ihr Magen, die Aufrichtigkeit ihr Herz, die schöne Wesensart ihr Innerstes, die Freigebigkeit ihre beiden Hände, das stille Leiden ihre beiden Schultern, das Vertrauenschenken ihr Nacken, die Bescheidenheit ihr Haupt, die Scham ihr Antlitz, das verständige Hören auf Gott ihre beiden Ohren, das Nachdenken ihre beiden Augen, das Einsaugen der Düfte des Paradiesesgartens ihre Nase, die Dankbarkeit für die Gnadenerweise Gottes ihr Schmecken, die Wahrhaftigkeit ihre Zunge, die Furchtsamkeit ihr Körper, die untadelige Bewahrung ihr Schamteil, die innere Ruhe ihre Seele und der Auserkorene [= Mohammed] – Gott segne ihn und gebe ihm Heil! – ihr Verstand.« (Der jemenitische Sufi Abū l-Ḥasan Aḥmad ibn ʿUlwān [gest. 1267] am Anfang seines Buches *al-Mahraǧān* (»Das Fest«); Ibn ʿUlwān 1995, S. 19)

ʿArabī (gest. 1240), sondern auch die Entstehung sogenannter Sufi-Bruderschaften wie z. B. der Šāḏilīya belegt.

Die Praxis, den Propheten zu verehren, wie sie seit 1200 in ihren Grundzügen bis heute lebendig ist, kann man nicht einseitig entweder der gelehrten Kultur oder der Volksfrömmigkeit zurechnen. Die Grenzen zwischen beiden Bereichen sind fließend, und eine solche Abgrenzung widerspricht den Grundzügen der islamischen Glaubensgeschichte. Auch scheint es übertrieben, in der wachsenden Mohammed-Verehrung nur eine »Entgeschichtlichung« des Propheten zu sehen, wobei mit der Idealisierung Mohammeds und einer übermächtigen »Mohammeddogmatik« (T. Nagel) ein theologisches Konstrukt geschaffen wurde, das die Unantastbarkeit des Propheten sicherstellen sollte. Tatsächlich sorgte etwa das Forcieren des Hadithstudiums nach 1200 dafür, dass Mohammed umso mehr als geschichtliche und nur über oft unsichere historische Berichte fassbare Figur erschien. Die in einigen Schriften feststellbare Dogmatisierung ist demnach eher ein Versuch, das Abgleiten der Figur Mohammeds in die völlige Ungewissheit, sozusagen ins »historische Niemandsland«, zu verhindern.

Auch die noch andauernde und mit harten Bandagen geführte innerislamische Diskussion um die Mohammed-Verehrung, die man leicht zu übersehen oder zu unterschätzen geneigt ist, steht im Prinzip jedem Dogmatismus entgegen. Wenn heute in islamischen Kreisen trotzdem eine dogmatische Verengung wahrnehmbar ist, so ergibt sich diese nicht so sehr aus der Entwicklung der sunnitischen Mohammed-Verehrung, sondern aus dem massiven politischen und ideologischen Druck, dem die islamische Welt seit mehr als 150 Jahren ausgesetzt ist.

Dogmatismus

Ein Garten des Paradieses

Irdischer Bezugspunkt, Mohammed zu verehren, ist sein Grab in der Prophetenmoschee in Medina. Die grüne Kuppel, die sich heute über dem Grab erhebt, ist neben der Kaaba der symbolträchtigste und am häufigsten abgebildete Bau der islamischen religiösen Architektur. Vielen Muslimen gilt der Besuch am Grab Mohammeds als ein Höhepunkt der Pilgerreise, obwohl er – anders als die Riten in Mekka – weder obligatorisch ist noch vor dem Abschluss der Wallfahrt in Mekka vollzogen werden sollte.

Das Zentrum der Prophetenmoschee in Medina: Die grüne Kuppel (Bildmitte)

Zahlreiche Hadithe, die schon im 9. Jahrhundert zitiert werden, belegen die Verehrung von Mohammeds Grab, dem »heiligen Grab« schlechthin, in recht früher Zeit. So soll Mohammed gesagt haben, dass der Bereich zwischen seinem Grab und der Kanzel (*minbar*), die sich in der Moschee unweit des Grabes befindet, einer der Gärten des Paradieses sei. Durch das Bild des Gartens werden nicht nur die Annehmlichkeiten des Paradieses evoziert, sondern ein Grab wird in islamischer Vorstellung generell als »Garten« (*rauḍa*) versinnbildlicht, wenn dem darin Begrabenen Gottes Huld zuteilgeworden ist – oder man dies dem Begrabenen zumindest wünscht.

Am Grab Mohammeds

Die Motive für einen Besuch am Grab Mohammeds sind einerseits die Möglichkeit, ihm »direkt« zu begegnen und in seiner Nähe zu sein, andererseits – und besonders wichtig – die Erwartung, seiner Fürsprache am Jüngsten Tag teilhaftig zu werden. Darüber hinaus besuchen auch Menschen das Grab, die ein Leiden haben und auf Heilung hoffen. Ob Mohammed für die Gläubigen Fürsprache bei Gott einlegen wird, ist seit dem 14. Jahrhundert heftig umstritten. Die Vorstellung, dass seine Fürbitte von Gott erhört wird und ein Besuch an seinem Grab diese garantiert, ist freilich alt. Einem berühmten Hadith zufolge soll Mohammed gesagt haben: »Wer mein Grab besucht, dem steht meine Fürsprache zu« oder in einer anderen Version: ». . . für den werde ich Fürsprache leisten.« In einem weiteren Hadith heißt es: »Wer mich nach meinem Tod besucht, der hat mich gleichsam zu Lebzeiten besucht.«

Fürsprache für die Gläubigen?

Die westliche Wissenschaft hält diese Hadithe nicht für authentisch, zumal manche Versionen auch folgenden Wortlaut bieten: »Wer mich besucht, dem steht meine Fürsprache zu.« Einige dieser Hadithe meinten ursprünglich wohl nicht den Besuch am Grab Mohammeds, sondern bei ihm selbst, als er noch am Leben war, und besagten also: »Wer zu mir kommt, der hat nichts zu befürchten, ich werde mich für ihn einsetzen.« Tatsache ist aber auch, dass die Hadithe, die den Tod Mohammeds oder sein Grab ausdrücklich erwähnen, in das 9. Jahrhundert und womöglich in die Zeit vor 750 zurückreichen. Damit wäre erwiesen, daß der Besuch am Grab schon in frühislamischer Zeit bedeutsam war. Das geht auch aus weiteren Hadithen hervor, etwa dem folgenden: »Wer die Pilgerfahrt [nach Mekka] vollzieht und mich nicht besucht, der hat mir ›die kalte Schulter gezeigt‹«.

Der Besuch am Grab Mohammeds, neben dem auch die späteren Kalifen Abū Bakr und ʿUmar

Darstellung des Prophetengrabs in Medina: Das scheinbar »brennende« Grab symbolisiert die als Licht visualisierte Segenskraft des Ortes (Miniatur aus dem 17. Jh.).

»Ibn Sab'īn wurde schon im Diesseits von Gott gestraft [...]: Er machte sich nämlich auf, den Propheten [d. h. sein Grab] zu besuchen, doch als er sich dem Eingang der Prophetenmoschee näherte, begann er heftig zu bluten wie eine menstruierende Frau. Er ging also wieder weg und wusch sich. Als er zurückkehrte, um die Moschee zu betreten, floss das Blut abermals in Strömen, woraufhin er sich wieder waschen musste. Am Ende war es ihm unmöglich, dem Propheten einen Besuch abzustatten.« (Der mekkanische Historiker al-Fāsī [gest. 1429] über den andalusischen Sufi Ibn Sab'īn [gest. 1270], der von vielen als Ketzer betrachtet wurde)

bestattet sind, hat über die Jahrhunderte großen Einfluss auf Literatur und Dichtung ausgeübt. Schon Ibn Ǧubair (gest. 1217), dessen Buch im Westen einfach als Reisebericht gelesen wird, hat tatsächlich eine Pilgerfahrt unternommen und beschreibt die Prophetenmoschee besonders ausführlich. Ein zentrales Thema wird der Besuch am Grab in der seit dem 13. Jahrhundert florierenden Prophetenlobdichtung. Literarischer Anknüpfungspunkt war hierbei besonders die im Maghreb und in Andalusien schon seit dem 10. Jahrhundert populäre »Sehnsuchtsdichtung«, die dem »Heimweh« der Muslime des Westens nach den prophetischen Wirkungsstätten Ausdruck verlieh. Die besondere Sehnsucht der Maghrebiner erklärt sich mentalitätsgeschichtlich durch die stärker als anderswo empfundene Bindung an das ferne Arabien. Diese Bindung gewann an Bedeutung, je mehr die Entfernung vom Hedschas in das Bewusstsein der nordafrikanischen und andalusischen Muslime drang. Der bedeutendste Dichter Granadas, Lisān ad-Dīn Ibn al-Ḫaṭīb (gest. 1376), bezeichnete sich daher in einem Gedicht als »einen Fremdling im äußersten Westen, dessen Liebe zum Propheten schon zu lange währt«.

»Heimweh« der Muslime des Westens

Weil der Besuch des Prophetengrabs ein mühsames und kostspieliges Unterfangen war und ist, dienen Prophetenlobgedichte seit langem als »Reiseersatz«. Der vielleicht bekannteste Fall dieser Art ist die Sammlung von Prophetenlobgedichten des ägyptischen Dichters an-Nawāǧī (gest. 1455): Zwischen 1427 und 1454 komponierte er jedes Jahr mindestens ein Prophetenlob, das er dann Freunden oder Bekannten mit auf die Pilgerreise gab, damit sie es vor Mohammeds Grab in Medina rezitierten. Zugleich schrieb man seit dem 12. Jahrhundert im islamischen Westen regelrechte Briefe an Mohammed, die eine ähnliche Funktion hatten, weil sie eben von Personen stammten, denen die Reise nach Medina aus gesundheitlichen, finanziellen oder anderen Gründen nicht möglich war. Manche, wie etwa der marokkanische Dichter Abū Zaid al-Fazāzī (gest. 1230), glaubten, die Reise nach Medina sei ihnen verwehrt geblieben, weil sie unwürdig seien oder der Gnade Gottes ermangelten. So entschuldigt al-Fazāzī in einem Brief an Mohammed die eigene Abwesenheit damit, »dass zwischen mir und dem Küssen Deiner prophetischen Erde [in Medina], zwischen mir und dem Anblick Deines Mohammedanischen Glanzes endlose Wüsten liegen, die nur diejenigen durchqueren werden, die ihre schmutzigen Kleider mit dem Wasser der Buße reinwaschen können [. . .].«

Mohammed erscheint im Traum

Die einzige Möglichkeit, dem Propheten nahezukommen, ohne nach Medina reisen zu müssen, bietet sich, wenn Mohammed im Traum erscheint. Zahllose Berichte aus allen Jahrhunderten schildern solche Gesichte, wie überhaupt das Auftreten verstorbener Personen im Traum bis heute im Islam eine große Rolle spielt. So erlebte es Abū Bakr as-Saksakī (gest. 1231), der im Jahr 1185 die Pilgerreise nach Mekka unternommen hatte, aber aus einem nicht näher bekannten Grund Medina nicht besuchen konnte. Das grämte ihn sehr, bis ihm eines Nachts Mohammed im Traum erschien und sprach: »O Abū Bakr! Da du mich nicht besucht hast, kam ich nun, um dich zu besuchen!«

Häufig wird auch berichtet, dass Besucher am Grab Mohammeds einschliefen, woraufhin ihnen der Prophet ebenfalls im Traum erscheint. Auch sind Fälle unmittelbarer Kommunikation bezeugt, wobei Mohammed aus dem Grab einen Besucher anspricht oder ihm etwas übergibt. Von mehreren Gottesmännern des 10. Jahrhunderts wird erzählt, Mohammed sei ihnen im Traum erschienen, habe einen halben Laib Brot selbst gegessen und ihnen die andere Hälfte angeboten. Als sie dann aufwachten, lag die Hälfte in ihrem Schoß.

Muslime beten das Grab Mohammeds an, auf dem arabische Phantasie-Schriftzeichen zu sehen sind: Eine Darstellung aus J. Adelphus' *Die Türckisch Chronica*, Straßburg 1516

Abendländische Vorstellungen

Kuriose Berühmtheit hatte Mohammeds Grab lange Zeit im Abendland. Zum einen liest man bis in die frühe Neuzeit, Mohammed sei in Mekka bestattet, wobei man wohl – fehlgeleitet durch die Bedeutung des Grabes Jesu für die christliche Pilgerreise nach Jerusalem – die Kaaba als Mausoleum Mohammeds missverstand.

Zum anderen wird fabuliert, Mohammeds Sarg sei aus Eisen und werde von Magneten schwebend in der Luft gehalten, während den Muslimen unterstellt wird, sie hielten das für ein Wunder ihres Propheten. Solcherlei wird, soweit bekannt, zuerst im altfranzösischen Versepos *Roman de Mahomet* (13. Jh., v. 1900-14) erzählt und erscheint noch im zweiten Teil von Christopher Marlowes Theaterstück *Tamburlaine the Great. Part II* (»Tamerlan der Große, Teil II«, 1590): »Beim heiligen Mohammed [...], dessen ruhmreicher Körper, als er die Welt verließ, sich in einen Sarg geschlossen in die Luft erhob und über dem Dach des Tempels im majestätischen Mekka schweben blieb« (Akt I, Szene 1). Bereits Ludovico Di Varthema hatte in seinem Reisebericht (1510) diesen Unsinn bestritten, weil er Mohammeds Grab selbst gesehen hatte, und seine Ausführungen wurden zur Grundlage späterer Richtigstellungen.

»Manche haben zu verstehen gegeben, das Grab Mohammeds [...] sei ganz aus Eisen und werde von Magnetsteinen in der Luft schwebend gehalten. Aber das ist ganz und gar falsch, denn es ist gewiss, wie ich vor Ort selbst festgestellt habe, dass dieser falsche Prophet in Medina gestorben ist und dort bestattet wurde. Man kann dort sein Grab sehen, das von muslimischen Pilgern aus allen Erdteilen besucht wird, nicht anders als das heilige Grab in Jerusalem von allen Christen.« (Aus dem Reisebericht von Vincent Le Blanc, Paris 1648; Le Blanc 1648, S. 20 f.)

Mensch und Prophet

Die Entwicklung der Mohammed-Verehrung oszilliert zwischen der Wahrnehmung Mohammeds als Mensch und als Prophet. Für Mohammed den Menschen haben sich die Muslime stets mit besonderer Hingabe interessiert, und aus diesem Interesse ging sogar eine Literaturgattung hervor, die ausschließlich den *šamāʾil* Mohammeds – seinen körperlichen und charakterlichen Eigenschaften – gewidmet war. Die bis heute grundlegende Sammlung der *šamāʾil* stammt von at-Tirmiḏī (gest. 892). Sie enthält mehrere Beschreibungen von Mohammeds äußerer Erscheinung. Zwei von ihnen sind so berühmt, dass sie im Folgenden zitiert werden sollen. Von Anas ibn Mālik, der Mohammed noch persönlich kannte, wird folgende Beschreibung überliefert:

Mohammeds Erscheinungsbild

»Der Gottgesandte war weder auffallend hochgewachsen noch von kleiner Statur. Seine Hautfarbe war weder sehr hell oder farblos-bleich noch sehr dunkel. Sein Haar war weder gekräuselt lockig noch glatt. [...] Gott, der Erhabene, nahm ihn zu Sich, als er gerade sechzig Jahre alt geworden war. Zu diesem Zeitpunkt hatte er auf seinem Kopf und in seinem Bart nicht zwanzig weiße Haare.« (TŠ, S. 7) Auf Mohammeds Schwiegersohn ʿAlī ibn Abī Ṭālib geht diese Beschreibung zurück: »Der Prophet war weder hochgewachsen noch von kleiner Statur. Seine Handflächen und Füße waren dicklich. Sein Kopf war füllig, und die Knochen, die an seinem Körper hervortraten, waren groß und stark. Von seiner Brust bis zu seinem Bauchnabel hatte er dünne Haare, die wie in einer Linie hinunterwuchsen. Er ging kraftvoll und geschmeidig, als ob er einen Abhang hinablaufe. Weder vorher noch nachher sah ich jemals einen wie ihn!« (TŠ, S. 9)

»Einzigartig an Schönheit, ist Mohammed jeder Nachahmung enthoben! Einzigartig sind sein Wesen und Charakter, einzigartig seine Gesetze und weisen Maximen« (Die syrische Dichterin ʿĀʾiša al-Bāʿūnīya [gest. 1516] in einem ihrer Werke)

Alle Beschreibungen von Mohammeds Erscheinung weisen eine Vorliebe für harmonische Mittelwerte (»weder groß noch klein, weder hell- noch dunkelhäutig«) auf. Sie werden von anderen Berichten ergänzt, die einen Gesamteindruck von seiner Person vermitteln wollen. Dabei wird in poetischen Worten oft auf seine Schönheit abgehoben, wie etwa in der folgenden Überlieferung nach Ǧābir ibn Samura: »Ich sah den Gottgesandten in einer Nacht, in der der Mond am Himmel stand, und der Prophet trug einen roten Überwurf. Ich blickte also abwechselnd auf ihn und auf den Mond, und dann befand ich, der Prophet sei schöner anzusehen als der Mond.« (TŠ, S. 12)

Vollmond und Schönheit

Die Mondmetaphorik, die in der arabischen Kultur generell mit Glanz und Schönheit – insbesondere mit der Schönheit eines rundlichen und zugleich leuchtenden Gesichts – verbunden ist, wird immer wieder bemüht, um Mohammeds Person oder sein Wirken zu versinnbildlichen. Er wird deshalb als leuchtender Vollmond = »Erleuchter der Dunkelheit« bzw. »Beseitiger der vorislamischen Unwissenheit« oder als heller Mond = »Lichtbringer der islamischen Rechtleitung« konzeptualisiert. Die Jüdin Ṣafīya soll in einem Traum gesehen haben, wie ein Mond aus Medina aufstieg und sich dann in ihren Schoß senkte, was ihre spätere Ehe mit dem Propheten ankündigte.

Vgl. S. 57

Sowohl die realen als auch die poetisch überhöhten Beschreibungen, die bis zum heutigen Tag eine reiche Bilderwelt hervorgebracht haben, die in anderen Religionen ihresgleichen sucht, lassen uns erkennen, dass in der »sprachlichen Abbildung« Mohammeds das Pendant dessen zu sehen ist, was im Christentum oder Buddhismus durch visuelle Darstellungen (Ikonen, Altarbilder, Statuen usw.) erreicht wird, nämlich die bildliche Vergegenwärtigung. In diesem Sinn muss man auch die vieldiskutierte islamische Bilderscheu und den Umstand, dass kaum bildliche Darstellungen des Propheten geschaffen wurden, relativieren: Mohammed *wird* im Islam abgebildet, aber mit Hilfe der Sprache und der durch sie möglichen Bilderwelt.

Ikone und Symboltext

Das beste Beispiel dafür liefern die textlichen Beschreibungen – etwa die Schilderung seines Äußeren –, die als sprachliche »Ikonen« gestaltet werden. Derlei »Ikonen« heißen »Schmuck(stücke)« (*ḥilan*, Sg. *ḥilya*), und sie werden in der islamischen Welt seit vielen Jahrhunderten hergestellt. Ihnen vergleichbar sind »Symboltexte«: So kann ein Text, der in knappen Worten die Zusammenfassung von Mohammeds Lebenslauf enthält, in die Form eines Tonkrugs »gegossen« werden, womit nicht nur darauf angespielt wird, dass Moham-

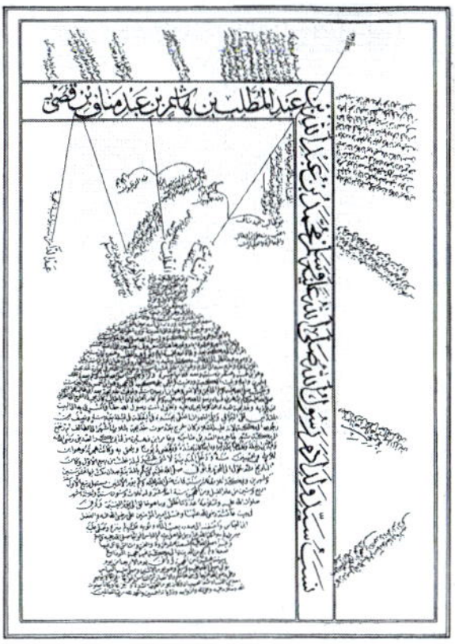

Oben: ein Symboltext (Istanbul 1886)

Links: »Schriftikone« (*ḥilya*) mit der Beschreibung Mohammeds nach dem Hadith von Anas ibn Mālik im Mittelkreis (Türkei, 19. Jh.).

med das »Gefäß« von Gottes letzter Offenbarung ist, sondern auch, dass er gleich Adam Ursprung der – aus Ton geformten – Menschheit ist.

Sowohl die Schilderung von Mohammeds »irdischer« Schönheit als auch seine symbolische Identifizierung mit Adam – der bemerkenswerterweise im Koran nicht mit dem Propheten, sondern mit Jesus in Beziehung gebracht wird (Q 3:59) – führten zur Vorstellung von Mohammed als »vollkommenem Menschen« (*al-insān al-kāmil*). In einem berühmten Hadith werden Mohammed die Worte zugeschrieben: »Ich wurde geschaffen« – oder in einer anderen Version: »Ich wurde als Prophet entsandt« –, »als Adam noch unbeseelter Ton war.«

»O Mohammed, der du auserkoren wurdest vor der Geburt Adams, als das Tor des Seins noch verriegelt war: / Wie könnte ein sterbliches Wesen (*maḫlūq*) es wagen dich zu preisen, nachdem schon der Schöpfer (*ḫallāq*) Selbst deine charakterlichen Vorzüge (*aḫlāq*) über alle Maßen herausgestellt hat?« (Zwei Verse des Literaten Granadas, Lisān ad-Dīn Ibn al-Ḫaṭīb [gest. 1376])

Die Theosophie von Ibn ʿArabī (gest. 1240) liefert die umfassendste Ausarbeitung einer spekulativen Prophetologie, die auf dem Konzept von Mohammed als »vollkommenem Menschen« beruht; sie kann hier nicht im Detail vorgestellt werden. Gesagt sei lediglich, dass bei Ibn ʿArabī auch der Name Mohammeds und dessen entsprechender arabischer Schriftzug zur Grundlage mystischer Reflexionen werden, was umso interessanter ist, als hier erneut eine »schriftliche« Ikonisierung vorliegt. Dementsprechend wird Mohammeds Name – der in arabischer Schrift nur aus den Konsonantenzeichen *m-ḥ-m-d* besteht – auch in der Bauornamentik verwendet, wobei gerade die abstrakte Wiedergabe der Buchstaben den ikonenhaften Charakter betont.

Wenn Mohammed ausschließlich als Prophet wahrgenommen wird, ist er eine übergeschichtliche Person: Er wird auf sein »prophetisches Wesen«, genannt *al-ḥaqīqa al-Muḥammadīya*, die »mohammed'sche [Seins]wirklichkeit«, reduziert. Der Mensch Mohammed tritt in der mystischen Spekulation, anders als in der auf der Hadithüberlieferung fußenden Prophetologie oder der Dogmatik der sunnitischen Theologen, hinter seiner kosmischen Funktion als Schöpfungsprinzip zurück. In der Sufik und der mystischen Prophetologie erscheint Mohammed als präexistentes, der Weltschöpfung vorausgehendes Lichtwesen oder als »Sonne allen Seins« (*šams al-wuǧūd*), wie es in einem Gedicht von al-Buraʿī (um 1400) heißt. Die spekulative Erkenntnis von Mohammeds prophetischem Wesen, seinem präexistenten Licht-Sein und seinem Wirken als Licht (*nūr Muḥammadī*) ist nicht mit den Mitteln der Vernunft, sondern nur auf dem Weg der Erleuchtung möglich. Weil aber diese Erkenntnis kein rationales Begreifen ist, führt

Links: Schriftband mit jeweils zwei miteinander verbundenen Schriftzügen »Mohammed«, die dunkel umrahmt sind (Mausoleum des Timur in Samarkand, 15. Jh.). Rechts: Mehrere ineinander verschlungene Schriftzüge »Mohammed« in der Kuppel eines anatolischen Mausoleums (13. Jh.)

sie nicht zu Verstehen, sondern in einen rauschhaften Zustand innerer Wahrnehmung. So wird verständlich, warum die beiden berühmtesten religiösen Dichter des 13. Jahrhunderts – der Ägypter Ibn al-Fāriḍ (gest. 1235) und der aus dem heutigen Afghanistan stammende Ǧalāl ad-Dīn Rūmī (gest. 1273), Begründer des türkischen Mevlana-Ordens – in ihren Gedichten Mohammed wiederholt als berauschenden Wein versinnbildlichen. Besonders deutlich ist dies in Ibn al-Fāriḍs »Wein-Ode« (*al-Ḫamrīya*), wo gleich zu Beginn die Wein-Motivik mit dem Konzept der Präexistenz des Propheten verknüpft ist: Ibn al Fāriḍ verkündet, dass er zum Andenken an den Gelieb-

»Wein-Ode«

ten einen Wein (= Mohammed!) trinkt, der schon berauschende Wirkung hatte, noch bevor Gott den ersten Rebstock – der die äußere Welt symbolisiert – erschuf.

Vielen Zeitgenossen und erst recht vielen Späteren ging aber diese Form der mystischen Mohammed-Frömmigkeit zu weit. Kritisiert wurde dabei nicht so sehr, dass man die prophetische Figur Mohammeds mit Wein versinnbildlichte, obwohl doch das islamische Gesetz den Wein verbietet, sondern dass die Wein- und Rebstock-Motivik christlich-jüdischen Ursprungs sei, was ja tatsächlich zutrifft. Viele sunnitische Gelehrten mochten außerdem nicht akzeptieren, dass in den Werken der sufischen Dichter Gedankengut zum Vorschein kam, das mit der orthodoxen Theologie, die sich hauptsächlich auf den Koran und die Hadithüberlieferung stützt, nicht vereinbar ist. Aus diesem Grund trat ab dem 13. Jahrhundert ein Buch seinen Siegeszug in der sunnitischen Welt an, das eine orthodoxe, nichtspekulative Form der Prophetologie begründete.

Heilung und Heiligung

Bei dem besagten Buch handelt es sich um das *Kitāb aš-Šifāʾ* (»Das Buch der Heilung«) des marokkanischen Gelehrten ʿIyāḍ ibn Mūsā al-Yaḥṣubī (gest. 1149), wegen seiner Richtertätigkeit als »Qāḍī ʿIyāḍ« bekannt; er liegt in Marrakesch begraben, wo sein Grab verehrt wird. ʿIyāḍ verfasste sein Werk bereits vor 1136, doch erst nach 1200 gelangten die ersten Abschriften im Gepäck nordafrikanischer Mekkapilger nach Ägypten und Syrien.

ʿIyāḍs »Buch der Heilung« ist ohne Zweifel eines der einflussreichsten Texte in der Glaubensgeschichte des sunnitischen Islams. Es liegt nicht nur der »gelehrten« Mohammed-Verehrung zugrunde, welche die Theologen bis zum heutigen Tag beschäftigt, sondern wurde unter den Muslimen in Nordafrika und im subsaharischen Afrika auch zu einem Amulett mit Schutz- und Heilwirkung: Aus dem Buch entnommene Sätze werden z. B. auf Papier gemalt und die Tinte in Wasser aufgelöst, welches dann getrunken wird. Kalligraphen des islamischen Westens wenden bis heute ihr ganzes Können auf,

Ein Buch als Amulett

um prachtvoll illuminierte Exemplare des Buches anzufertigen.

ʿIyāḍ war kein Berufstheologe, sondern ein konservativer, nur durchschnittlich versierter Hadithwissenschaftler und Jurist. Seine Kenntnis des islamischen Schrifttums über Mohammed beschränkte sich auf recht wenige Werke; in Murcia hatte er at-Tirmiḏīs Sammlung von Hadithen über die Eigenschaften (*šamāʾil*) Mohammeds studiert, in Cordoba die Prophetenbiographie des Ibn Hišām. Vom Aufbau her ist ʿIyāḍs Buch aber höchst originell und wegweisend.

»Nicht alle Muslime haben das Monopol Mohammeds auf Vermittlung des einzigen, wahren Wissens so ernstgenommen wie der Qāḍī ʿIjāḍ. Andernfalls hätte er sein Buch nicht schreiben müssen. Der in die Prophetenviten eingegangene Stoff enthält genügend Passagen, an denen ein frommer Verehrer Mohammeds Anstoß nehmen konnte, genug Episoden auch, die mit Hinblick auf dieses Monopol fragwürdig waren [...].« (Tilman Nagel über ʿIyāḍs *Kitāb aš-Šifāʾ*; Nagel 2008, S. 171 f.)

Im »Buch der Heilung« – gemeint ist übrigens die Heilung des Gläubigen bzw. Lesers von unorthodoxen oder ketzerischen Ansichten über Mohammeds Wesen und Wirken – beabsichtigt ʿIyāḍ erstens, die »Rechte« (*ḥuqūq*) des Propheten gegenüber den Gläubigen zu definieren, und zweitens, diese Rechte in ihrem Wesen und ihrer Bedeutung zu rechtfertigen. Die »Rechte« oder vielmehr Anrechte Mohammeds – die zugleich Pflichten der Gläubigen sind – differenziert ʿIyāḍ wie folgt: erstens das, was Mohammed zugeschrieben werden muss, damit er als Prophet Gottes gelten kann, und zweitens das, was den Gläubigen gegenüber Mohammed obliegt, nachdem sie sich Klarheit über seine »Rechte« verschafft haben. Insgesamt gliedert sich ʿIyāḍs Buch in vier Teile:

Teil I, der umfassendste (fast die Hälfte des Buches), handelt von der hervorgehobenen Stellung Mohammeds in vier Abschnitten: (1) Gottes Preis für Mohammed nach dem Zeugnis des Korans; (2) die Genealogie Mohammeds sowie seine körperlichen, seelischen und charakterlichen Eigenschaften;

Himmelsreise, vgl. S. 37 ff.

(3) Mohammeds Himmelsreise und seine Namen; (4) die »Besonderheiten« seines Prophetentums und die für ihn gewirkten Beglaubigungswunder.

Teil II behandelt ebenfalls in vier Abschnitten die Pflichten der Gläubigen gegenüber Mohammed: (1) der rechte Glaube an Mohammed und der Gehorsam gegenüber ihm und seiner Sunna; (2) die Liebe der Muslime zu Mohammed; (3) die Achtung und die Ehrerbietung, welche die Prophetengefährten und frühen Autoritäten Mohammed erwiesen haben; (4) der Segenswunsch für Mohammed und der Besuch seines Grabes in Medina.

Teil III untersucht in zwei Abschnitten die theologischen Implikationen der hervorgehobenen Stellung Mohammeds: (1) die Sündlosigkeit (oder »Sündenfreiheit«, *ʿiṣma*) Mohammeds, und (2) seine menschliche Natur.

Die drei Abschnitte von Teil IV thematisieren abschließend die Beleidigung des Propheten und die Blasphemie im Allgemeinen: (1) Aussagen oder Taten, die als Beleidigung Mohammeds beurteilt werden müssen; (2) rechtliche Regelungen für den Umgang mit Personen, die Mohammed beleidigen; (3) Überlegungen zur Blasphemie, d. h. zur Beleidigung Gottes, der Engel oder der früheren Propheten.

Mit der Einteilung des »Buches der Heilung« in die genannten vier Teile hat ʿIyāḍ eine zweigliedrige Struktur geschaffen, die sehr aussagekräftig ist. Jeweils zwei Teile entsprechen einander: Der dritte Teil reflektiert den ersten Teil, weil Teil III aus theologischer Sicht die Wahrhaftigkeit von

Oben die erste Seite des *Buches der Heilung* in der Ausgabe Istanbul, 1894. Unten der Umschlag der französischen Ausgabe, Paris 2004. Man beachte die Hervorhebung des Namens Mohammed, während der eigentliche Name des Buches gar nicht übersetzt ist! Die Illustration zeigt die Kuppel über dem Grab Mohammeds.

Mohammeds Prophetentum diskutiert, die in Teil I bereits auf der Basis von Koran und Hadithüberlieferung erwiesen ist. Diese Anordnung macht deutlich, dass für ʿIyāḍ das Offenbarungswissen – Koran und Hadith – Vorrang vor der theologischen Begründung desselben hat. In vergleichbarer Weise reflektiert der vierte Teil den zweiten Teil, weil ʿIyāḍ in ihm die Verletzung der in Teil II erörterten Pflichten der Gläubigen gegenüber Mohammed unter rechtlichen Gesichtspunkten behandelt. Das gesamte Buch wird umklammert, indem ʿIyāḍ zu Anfang und am Ende nicht auf Mohammed, sondern auf Gott Bezug nimmt: Er beginnt sein Buch mit Gottes Lobpreis für Mohammed und endet mit der Diskussion der Gotteslästerung.

ʿIyāḍs Werk ist mit starkem Eifer geschrieben, um einer Richtung der sunnitischen Orthodoxie zum Durchbruch zu verhelfen, die er selbst als »die Methode der Leute der Wahrheit, der Sunna und der Mehrheitsmeinung« bezeichnet. Westliche Islamwissenschaftler sehen in ʿIyāḍs Buch eine dogmatische Verengung der Figur Mohammeds, und in der Tat lässt sich das inhaltlich belegen. Dazu passt, dass ʿIyāḍ in seinem Werk als fanatischer Rechthaber auftritt. Oft verficht er extreme Positionen, die andere sunnitische Theologen nicht akzeptieren, etwa wenn er darauf besteht, die Nacht- und Himmelreise sowie die nachfolgende Gottesschau Mohammeds hätten *realiter* stattgefunden und seien nicht nur eine Vision gewesen. Auch hielt er die Überlieferung für richtig, Gott habe während des »Grabenkriegs« im Jahr 627 an einem Nachmittag den Lauf der Sonne »zurückgewendet«, weil ʿAlī nicht dazu gekommen war, sein Gebet rechtzeitig zu verrichten. Dieser Bericht, der an die bekannte Erzählung im Alten Testament erinnert, wonach die Sonne über Gibeon angehalten und ihr Untergang für fast einen ganzen Tag verzögert wurde (Jos 10, 12 f.), wurde von kaum einem Gelehrten ernstgenommen, sondern von den meisten als gefälschter Hadith abgelehnt.

ʿIyāḍs umstrittene Thesen

Ähnlich unnachgiebig zeigt sich ʿIyāḍ, wenn er Mohammeds Unfehlbarkeit und Sündlosigkeit betont, worin man eine deutliche Tendenz zur Heiligung der Figur Mohammeds erblicken kann, die sich menschlichem Fassungsvermögen, aber eben auch menschlicher Kritik entzieht. Es ist dieser Aspekt seines Buches, der bis in die Gegenwart am nachhaltigsten gewirkt hat. Der Glaube an die Unfehlbarkeit Mohammeds hat ʿIyāḍ veranlasst, in seinem vierten Teil die allerstriktesten Strafen für dessen Beleidigung zu rechtfertigen. Abgesehen von einigen Ausnahmen steht auf die Schmähung des Propheten prinzipiell die Todesstrafe – wobei sich ʿIyāḍ allerdings, wie man hinzufügen muss, durchaus im Rahmen der auch sonst von vielen Rechtsgelehrten vertretenen Ansichten bewegt. Weil ʿIyāḍs Buch in kompromissloser Weise die über alles erhobene Stellung Mohammeds und deren grundsätzliche Unantastbarkeit begründet, war es zuletzt während des Karikaturenstreits im Jahr 2006 von Relevanz, als sich nicht wenige Muslime bei ihrer Argumentation darauf beriefen. Der Karikaturenstreit erregte im Frühjahr 2006 die Gemüter, nachdem bereits im September 2005 politische Karikaturen Mohammeds in einer dänischen Tageszeitung erschienen waren, die in der islamischen Welt als Beleidigung des Propheten aufgefasst wurden. Trotz der Kritik, die ʿIyāḍs Werk zuweilen auf sich gezogen hat, kann sein »Buch der Heilung« doch als die einflussreichste Rechtfertigungsschrift der sunnitischen Verehrung von Mohammed gelten. Bislang liegt keine vollständige deutsche Übersetzung vor. Wichtige Passagen sind zugänglich in ʿA. Wentzel, *Die Sunna. Texte zum Verständnis der unverzichtbaren Bedeutung der prophetischen Tradition im Islam* (Kandern 2002).

Karikatur und Propheten-beleidigung

Freude am Wort und Worte der Freude

In der Zeit zwischen dem 13. Jahrhundert und der Gegenwart kann die Wirkung von Mohammeds Leben und Handeln am deutlichsten an einer typisch islamischen Form der religiösen Dichtung nachvollzogen werden, dem sogenannten »Prophetenlob« (*madḥ an-nabī, madīḥ nabawī*). Es handelt sich dabei nicht, wie etwa beim christlichen Marienlob, um eine frömmelnde, literarisch eher anspruchslose Devotionsdichtung, sondern um eine hochstehende und sprachlich wie konzeptuell kunstvolle, von den bekanntesten Dichtern, Literaten und Gelehrten gepflegte und geschätzte Gattung. In ihr kommen alle Aspekte der islamischen Religiösität zum Ausdruck, und im inhaltlichen und formalen Reichtum des Prophetenlobs liegt dessen besonderer Reiz.

Diese spezifisch islamische Dichtung ist von der westlichen Islamwissenschaft nur oberflächlich erforscht, zum einen, weil man sie zu Unrecht als belanglose Verseschmiederei frommer Gemüter abgetan hat, zum anderen, weil die Zahl an Gedichten, die uns überliefert sind und noch jedes Jahr neu entstehen, zu groß ist, um von einem Einzelnen überblickt werden zu können. Etwas besser bekannt sind die volkssprachlichen Gedichte und Lieder in verschiedenen Regionen der islamischen Welt, die schon seit dem frühen 20. Jahrhundert aufgezeichnet worden sind.

»Die edlen Lobgedichte zum Preis unseres Herrn, des Gottgesandten, sind unüberschaubar an Zahl. Um eine Sammlung dieser Gedichte hat sich der Emir ʿAlāʾ ad-Dīn ʿAlī ibn Amīr Ḥāǧib, der vormalige Stadtpräfekt Kairos, bemüht. Was er dabei zusammengetragen hat [...], füllt ein sehr dickes Buch, das auch eine Bibliographie zu einigen der Quellen enthält, aus welchen er seine Sammlung des Prophetenlobs zusammengetragen hat. Die Zahl der einzelnen Gedichte zum Lobpreis des Propheten beträgt 8201, und die Anzahl der Verse in diesen Gedichten beläuft sich auf insgesamt 424 444.« (Aus einer ägyptischen Chronik des 14. Jahrhunderts)

Das bei weitem bekannteste Prophetenlobgedicht stammt von dem ägyptischen Dichter al-Būṣīrī (gest. um 1294), über dessen Leben nur wenig bekannt ist. Es handelt sich um die sogenannte »Mantel-Ode« (*Qaṣīdat al-burda*), die zugleich das meistkommentierte Gedicht der gesamten islamischen Literatur ist. Es wurde bereits 1761 ins Lateinische und nach Anfang des 19. Jahrhunderts auch in andere europäische Sprachen übertragen, darunter mehrfach ins Deutsche. »Mantel-Ode«

Das Gedicht zeichnet sich dadurch aus, dass es in etwa 160 Versen – die genaue Zahl schwankt je nach Version – einen Abriss von Mohammeds Leben gibt, wobei auch viele Wunder und Begebenheiten beschrieben werden, die umstritten

بسم الله الرحمن الرحيم

قال الشيخ الإمام العالم العلامة العمدة شرف الدين أبو عبد الله محمد
بن سعيد البوصيري تغمده الله تعالى برحمته سبب إنشائي لهذه القصيدة
المباركة أنه كان أصابني فالج أبطل نصفي ولم أستطع بنفسي ففكرت
في إنشاء قصيدة في مدح النبي صلى الله عليه وسلم واستشفع به إلى الله
عز وجل فأنشأت هذه القصيدة المباركة ونمت
ورأيت النبي صلى الله عليه وسلم في المنام فمسح علي بيده المباركة فعوفيت
لوقتي وخرجت من بيتي فلقيني بعض الفقراء فقال لي يا سيدي
أريد أن أسمع منك القصيدة التي مدحت بها النبي صلى الله عليه وسلم
فقلت وأي قصيدة تريد فإني مدحته بقصائد كثيرة فقال التي أولها

أمن تذكر جيران بذي سلم

Die erste Seite einer Handschrift (14. Jh.) von al-Būṣīrīs »Mantel-Ode«. Der große Schriftzug oben (»Im Namen Gottes, des Barmherzigen, des Erbarmers«) leitet den Text ein, der große Schriftzug unten ist der erste Halbvers des Gedichts. Der kleine Text im Zentrum erzählt die Vorgeschichte, wie und warum al-Būṣīrī das Gedicht verfasst hat.

Das Mausoleum al-Būṣīrīs in Alexandria

sind. Weil al-Būṣīrī viel Material verwendet, das den strengen Maßstäben der Hadithwissenschaft nicht gerecht wird, ist sein Gedicht in der Moderne bei orthodoxen Muslimen in die Kritik geraten. Das Internet ist gegenwärtig voll von Seiten, die auf die Defizite des Gedichts hinweisen und dazu aufrufen, es nicht länger bei Festlichkeiten (Beschneidungsfeiern, Hochzeiten usw.) vorzutragen. Bisher hat das seiner Popularität jedoch keinen Abbruch getan, und al-Būṣīrīs Verse werden in der ganzen islamischen Welt nach wie vor geschätzt – auch das zeigt sich im Internet, wo unzählige Rezitationen als Audio- oder Videoclip abrufbar sind; Yusuf Islam (Cat Stevens) hat ebenfalls bei einer Aufnahme der *Burda* mitgewirkt. Das Mausoleum al-Būṣīrīs in Alexandria ist eine der meistbesuchten islamischen Stätten in Ägypten.

Zeitgenössische Kritik

Ihren Namen hat die »Mantel-Ode« dank ihrer Entstehungsgeschichte erhalten: al-Būṣīrī soll nämlich schwer erkrankt – und wohl halbseitig gelähmt – gewesen sein und keine Hilfe bei den Ärzten gefunden haben. In seiner Verzweiflung habe er sich dann an Gott und Seinen Propheten gewandt, weshalb er zu Ehren Mohammeds sein Lobgedicht verfasste. Mohammed sei dem Dichter daraufhin im Traum erschienen, habe ihn geheilt und ihm als Dank für das Gedicht den eigenen Umhang oder »Mantel« (*burda*) auf die Schultern gelegt, als Zeichen höchster Anerkennung. Ob diese Geschichte in die

»Blütengleich an zarter Pracht, mondengleich an Hoheit, meeresgleich an Gütes Fülle, schicksalsgleich an festem Willen.
All diese Majestät lässt einen glauben, er wär inmitten eines Heers oder begleitet von Gefolge, auch wenn man ihn alleine trifft.
Es scheint, als stammten die in ihren Muscheln verborgenen Perlen von seiner Rede und seinem Lächeln her.«
(Aus der »Mantel-Ode« al-Būṣīrīs, deutsch von Thomas Bauer)

ser Form tatsächlich auf al-Būṣīrī selbst zurückgeht oder später erdacht wurde, ist für unsere Zwecke unwichtig. Mohammeds Umhang steht nämlich mit einem früheren, bis heute ebenfalls sehr bekannten Gedicht in Zusammenhang, dem »Mantel-Gedicht« des Kaʿb ibn Zuhair.

Kaʿb lebte zur Zeit Mohammeds. Er stand der neuen Religion lange feindlich gegenüber und hatte Mohammed in Versen geschmäht. Nach der Einnahme Mekkas im Jahr 630 begab er sich jedoch zu Mohammed, um sich ihm zu unterwerfen und den Islam anzunehmen, wobei er auf dessen Nachsicht hoffte. Mohammed verzieh Kaʿb die vormalige Feindschaft großzügig und schenkte ihm, nachdem Kaʿb ein Gedicht zu seinem Lob vorgetragen hatte, seinen Mantel. (Besagter Mantel sollte später unter den Kalifen der Umaiyaden und Abbasiden zu

»Es ist mir mitgeteilt worden, dass Abū Qābūs mir gedroht hat, und es gibt keine Ruhe angesichts des Brüllens eines Löwen./(Doch) langsam! Ein Lösegeld seien für Dich alle Stämme wie auch das, was ich an Hab und Gut und Nachkommen hervorbringe.« (Aus einem Gedicht von Nābiġa aḏ-Ḏubyānī, vorislamisch, um 590; Abū Qābūs war der letzte arabische Fürst von Ḥīra im heutigen Irak.)
»Es ist mir mitgeteilt worden, dass der Gesandte Gottes mir gedroht hat, aber es kann beim Gesandten Gottes auf Verzeihung gehofft werden./(Doch) langsam! Es leite Dich Der, der Dir das Geschenk des Korans gegeben hat [= Gott], mit Ermahnungen und Einzelheiten darin.« (Aus der »Mantel-Ode« des Kaʿb ibn Zuhair; alle Verse in der Übersetzung von Werner Diem)

einem wichtigen Teil des Herrscherornats werden.) Kaʿbs »Mantel-Ode« steht formal und inhaltlich ganz in der Tradition der vorislamischen, altarabischen Dichtung, wurde aber doch zu einem exemplarischen Vorläufer der späteren, ab dem 13. Jahrhundert aufblühenden Prophetenlobdichtung. Das wiederkehrende Motiv des Mantels belegt diese Kontinuität.

Tatsächlich reicht die Kontinuität des Mantel-Motivs bis in die Moderne. Der ägyptische Poet Aḥmad Šauqī verfasste in der ersten Hälfte des 20. Jahrhunderts ein Prophetenlobgedicht, dem er den Titel *Nahǧ al-Burda* (»Im Stil der Mantel[-Ode]«) gab. Große Bekanntheit erlangte dieses Gedicht, weil es vertont und von Umm Kulṯūm, der berühmtesten arabischen Sängerin, mehrfach eingespielt wurde. Die Live-Aufnahme, die nicht weniger als 45 Minuten dauert, ist ergreifend und von der emotionalen Beteiligung der Zuhörer lautstark untermalt.

Bestseller: Ein Prophetenlobgedicht in der Interpretation von Umm Kulṯūm

Abschließend soll kurz auf den »Sitz im Leben« des Prophetenlobs eingegangen werden, denn es war nicht nur die Thematik oder die literarische Qualität, sondern auch ihre gesellschaftliche Funktion, welche diesen Gedichten zu so lang anhaltender Popularität verholfen hat. Zwar verstanden manche Verfasser das Dichten von Prophetenlob als fromme Handlung, die nur für den Einzelnen oder im Freundeskreis Bedeutung hatte, und manche Literaten von Rang beschäftigten sich damit nur, um ihre Kunst unter Beweis zu stellen, doch war der eigentliche Rahmen des Prophetenlobs der öffentliche Vortrag. Öffentlich konnte bedeuten, dass Prophetenlob am Ende von Lektionen in den islamischen Hochschulen (Medresen) rezitiert wurde. Vor allem aber bedeutet öffentlich den Vortrag bei Festen und Feiern verschiedener Art, wie es immer noch üblich ist. Weil der Vortrag ein gutes Gedächtnis und eine gewisse Expertise erfordert – und in vielen Teilen der islamischen Welt auch musikalisch begleitet wird –, gab und gibt es den Beruf des Rezitators von Prophetenlob, den man ähnlich einem Festredner buchen kann.

Die wichtigsten öffentlichen Anlässe für das Vortragen von

Prophetenlob sind die Zusammenkünfte in den Nächten des Ramadans und die Feier von Mohammeds Geburtstag (*maulid an-nabī*, auch *mīlād*). Dieses alljährlich am 12. Rabīʿ I. des islamischen Mondkalenders begangene Fest reicht ins fatimidische Ägypten des 11. Jahrhunderts zurück, wurde aber unter den Sunniten erst nach 1200 populär. Danach verbreitete sich das Fest rasch in der ganzen islamischen Welt, und zwar gegen den Widerstand nicht weniger orthodox gesinnter Sunniten. Diese sahen darin eine Adaption christlicher oder, schlimmer noch, schiitischer Feiern und bewerteten es folglich als eine verwerfliche »Neuerung« (*bidʿa*), die nicht auf dem Koran oder der Hadithüberlieferung basiere, sondern allein aus den »Verirrungen« des frommen, aber ungebildeten Volkes hervorgegangen sei. Bis heute haftet deshalb dem Geburtstagsfest der Ruch einer unislamischen Festlichkeit an, und noch immer wird zuweilen heftig dagegen polemisiert. Trotzdem hat man im 20. Jahrhundert versucht, das Geburtstagsfest Mohammeds »in den Dienst modernistischer Gedanken zu stellen. In Pakistan ist seit den fünfziger Jahren der ganze Monat Rabiʿ al-awwal [= Rabīʿ I.] dem Gedenken an den Propheten und seine ethische, politische und soziale Rolle gewidmet« (Schimmel 2001, S. 68).

Der Geburtstag des Propheten

Das Mohammedbild im Abendland

Das westliche Mohammedbild hat eine lange Tradition, die bis ins frühe Mittelalter zurückreicht. Kennzeichnend für diese Tradition ist, dass sie je nach der religions- und geistesgeschichtlichen Stimmung eine andere Wendung nimmt, weshalb das westliche Mohammedbild immer auch zugleich ein Spiegel des abendländischen Zeitgeists ist. Auffällig ist auch, dass die Wahrnehmung Mohammeds bis heute dazu tendiert, zwischen extremen Beurteilungen zu schwanken.

Vom Beginn des Mittelalters bis ins Zeitalter der Reformation dominiert ein negatives und – besonders in der Heldenepik – wirklichkeitsfremdes Bild Mohammeds als »Gott der Heiden« oder »Lügenprophet«. Die davon deutlich verschiedene, positive Darstellung anderer orientalischer Figuren, am bekanntesten unter ihnen Saladin, hat daran nichts ändern können.

Das negative Bild setzt sich im 16. und 17. Jahrhundert fort und wird zunehmend im innereuropäischen Kontext instrumentalisiert: So glaubte man etwa, die protestantische Konfession in den Dreck ziehen zu können, indem man die Lutheraner als »Mohammedaner« beschimpfte, während Luther selbst in seinen Schriften gegen den Islam und Mohammed unversöhnlich zu Feld zog und seine Anhänger den Papst als »Antichristen des Westens« dem »Antichristen des Ostens«, Mohammed, gegenüberstellten!

»Später sah man in Mohammed gelegentlich den Antichrist selbst. Das wurde besonders in der Zeit der Türkenkriege des 16. Jahrhunderts aktuell. So deutete der Reformator Martin Luther (1483-1546) beispielsweise in seiner 1529 erschienenen *Heerpredigt wider den Türken* Einzelheiten von Daniel 7 dahingehend, daß er darin Voraussagen auf Mohammed und die Türken sah. Allerdings muß man beachten, daß ›Mohammed‹ in antiislamischen Flugblättern und Traktaten der damaligen Zeit vielfach nur als Personifizierung der Religion des Islams bzw. deren Vormacht, der Türken, begriffen wurde. In der Nachfolge Luthers [...] konnte im Protestantismus die Theorie von den ›zwei Antichristen‹, dem im Okzident, dem Papst, und dem im Orient, Mohammed, entstehen.« (Der Islamwissenschaftler Hartmut Bobzin über das Mohammedbild des 16. Jahrhunderts; Bobzin 2000, S. 18)

Die von der innerchristlichen Auseinandersetzung dominierte Zerrüttung des Abendlands während des 16. und 17. Jahrhunderts wurde mit der Aufklärung im 18. Jahrhundert von einer Haltung abgelöst, die nicht mehr für die eine oder andere christliche Konfession Partei ergriff, sondern sich oft gegen das Christentum als solches, bald auch gegen jede organisierte Religion wandte. In diesem Kontext wandelte sich die westliche Sicht auf Mohammed zum ersten Mal grundsätzlich, denn nun diente der Prophet des Islams vielen als Gegenbeispiel zu allem, was christlicher Lehre und Überzeugung entsprach. Dass im 18. Jahrhundert die wissenschaftliche Beschäftigung mit Leben und Wirken Mohammeds erste Früchte trug und die Reiseliteratur bessere Kenntnisse des Orients nach Europa brachte, verstärkte diese Entwicklung, weil es nun möglich wurde, Mohammed unabhängig von der christlich-polemischen Tradition darzustellen. Das Mohammedbild derjenigen, die aus einer christlichen Perspektive heraus sprachen, änderte sich freilich nicht grundlegend, sondern bediente sich weiterhin bei den Gemeinplätzen, die seit langem die abendländische Vorstellung prägten.

In den letzten beiden Jahrhunderten sah man Mohammed darüberhinaus auch als »großen Mann«. Nicht wenige entdeckten in ihm einen arabischen Cäsar oder Napoleon, kurz: den Tatmenschen, der in das Pantheon des Geniekults des 19. und frühen 20. Jahrhunderts aufgenommen werden konnte. An dieser Umwertung waren abendländische Islamwissenschaftler nicht unbeteiligt: Wollten sie nämlich Mohammeds Leistungen würdigen und seine Stellung in der Geschichte beurteilen, um ihm wenigstens in historischer Sicht mehr oder weniger gerecht zu werden, dann mussten sie seine »weltliche« Wirkung in den Vordergrund rücken, wenn sie schon nichts vom Islam hielten und Mohammeds religiöse Botschaft nicht zu würdigen imstande oder willens waren.

»Muhammads Charakter hat viel Rätselhaftes. Bei vielen bedeutenden Männern finden sich scheinbar einander widersprechende Charakterzüge, aber selten in solchem Grade, wie bei ihm. Je nachdem man die eine oder die andere Seite seines Wesens mehr betrachtet, wird die Beurtheilung daher verschieden ausfallen, auch wo diese nicht durch Voreingenommenheit irgendeiner Art bestimmt wird. [...] Aber es bleibt noch eine andere Art der Beurtheilung möglich, die nach den Folgen seiner Wirksamkeit. Und von diesem Standpunkte aus wird man geneigt sein, ihn kurzweg zu verurtheilen.« (Der deutsche Orientalist Theodor Nöldeke über Mohammed; Nöldeke 1863, S. 178 u. 189)

Gegenwärtig sind nicht mehr alle Facetten des abendländischen Mohammedbildes von Relevanz. Seine Darstellung im Sinn des Geniekults z. B. hat keine Konjunktur mehr – sie entspricht nicht mehr dem Zeitgeist. In christlichen Kreisen, insbesondere in den USA, ist aber die Rede vom falschen Propheten und Antichristen noch immer zu hören. Bei areligiösen Menschen hingegen gilt Mohammed nicht selten als Prototyp des Überzeugungstäters und als Beispiel dafür, wie Religion zu Intoleranz und Gewalt verführen könne. Der Biologe Richard Dawkins scheut sich vor diesem Hintergrund nicht zu schreiben, der Islam sei »vielleicht einem fleischfressenden Genkomplex vergleichbar« (Dawkins 2006, S. 232).

Der von Samuel Huntington und neo-liberalen Ideologen in den 90er Jahren herbeigeredete »Krieg der Kulturen«, die Anschläge des 11. Septembers 2001 und ihre Folgen, schließlich die Debatten um Integration und Multikulturalität haben zweifelsohne den Ton verschärft und einige schon vergessen geglaubte Aspekte der westlichen Rezeption Mohammeds wieder aktuell werden lassen. Der arabische Prophet ist heute eine feste Größe im gesellschaftlichen und politischen Meinungsstreit der westlichen Welt und auf diese Weise so präsent – oder sollte man besser sagen: so integriert? – wie niemals zuvor.

Hartmut Bobzin nennt in einer Übersicht unterschiedlicher Elemente des abendländischen Mohammedbildes, wie es sich uns über die Jahrhunderte präsentiert, die folgenden: Mohammed als Pseudoprophet, Häretiker, Betrüger, Epileptiker, Gott neben Göttern, Antichrist, Gesetzgeber und Held (vgl. Bobzin 2000, S. 9-21). Betrachtet man die Debatten und Veröffentlichungen der letzten Jahre, so muss dieser Liste eine weitere Facette hinzugefügt werden, die ebenfalls bereits eine lange Tradition im westlichen Denken hat: Mohammed als Fanatiker. Im Folgenden können nicht

Eine Darstellung Mohammeds aus João José Pereiras *Historia da vida, conquistas, e religião de Mafoma*, Lissabon 1791. Die Zeile darunter lautet »Verfolger der Wahrheit«. Eine Schlange (d. h. der Satan) »bläst« Mohammed den Koran ins Ohr, den er aufschreibt.

alle der genannten Elemente besprochen werden. Ich beschränke mich deshalb auf die Wahrnehmung Mohammeds als Gott, Lügenprophet und Ketzer, als Genie (»Heldenmensch«) und als Fanatiker.

Mohammed: Gott, Lügenprophet und Ketzer

Im Mittelalter tritt Mohammed in zwei verschiedenen Diskursen häufig in Erscheinung: zum ersten in den altfranzösischen und mittelhochdeutschen Heldenepen sowie in der Kreuzzugsdichtung, zum zweiten in theologischen Schriften über den Koran oder den Islam im Allgemeinen.

Frappierend ist zunächst, dass er in zahlreichen Epen nicht als Prophet, sondern als ein Gott der Sarazenen (d. h. der Muslime) dargestellt wird. Des öfteren ist von Statuen oder Götzen die Rede, die Mohammed abbilden und von den Muslimen angebetet werden. Vom Namen Mohammeds abgeleitete Wörter, etwa mittelenglisch *maumet*, verloren gar den Bezug zu ihrer Herkunft und wurden in der allgemeinen Bedeutung »Götzenbild« gebraucht. Den mittelalterlichen Epen wie auch manchen Chroniken liegt eine binäre Weltsicht zugrunde, die nur zwischen »uns« (Christen) und »ihnen« (Nichtchristen) unterscheidet, weshalb die Muslime einerseits als »Heiden« (*pagani*, *paiens* usw.), nichtmuslimische heidnische Völker wie die Slawen andererseits als »Sarazenen« bezeichnet wurden.

Mittelalterliche Epen

Die Verweise auf Mohammed im ältesten Heldenepos, dem *Rolandslied* (um 1090-1100), waren für die spätere Tradition, die bis ins 16. Jahrhundert reicht, prägend. Mohammed (»Mahum« oder »Mahumet«) wird als Gott neben anderen Göttern (Apollin, Tervagan) dargestellt. An anderer Stelle heißt es, die Muslime in Zaragoza würden »Mahumet« auf dem höchsten Turm der Stadt »aufrichten« (v. 853), wobei unklar ist, ob damit Mohammeds Abbild auf einer Standarte – wie in anderen Epen häufig geschildert – oder eine Statue gemeint ist. Berühmt ist die Passage, in der erzählt wird, wie die besiegten Muslime aus Zorn über den mangelnden Beistand ihren Götzen »›Mahumet‹ in einen Graben werfen, wo ihn Schweine und Hunde beißen und auf ihm herumtrampeln« (v. 2590 f.). Als Gott erscheint Mohammed auch in der Kreuzzugsdichtung.

Der Niedergang der christlichen Fürstentümer im Orient während des späten 12. und 13. Jahrhunderts hat aber bewirkt, dass man kaum noch von der Ohnmacht des »muslimischen Gottes« sprach, im Gegenteil. So heißt es in einem provenzalischen Kreuzzugslied aus der Zeit um 1200: »Gott wird [einst wieder] verehrt werden, wo jetzt Bafometz [d. h. Mohammed] angebetet wird.« In einem anderen Lied lesen wir: »Gott, der sonst zu wachen pflegte, schläft, während Bafometz mit aller Macht tätig ist.«

Moscheen als Venustempel

In engem Zusammenhang mit der Vorstellung, Mohammed sei einer der Götter der Muslime, steht die Auffassung, die Moscheen seien Tempel, in denen Mohammed angebetet werde. Diese Fehldeutung wurde in späteren Jahrhunderten dahingehend erweitert, dass man in den Moscheen einen Platz unzüchtiger Orgien und einen Venustempel sah, weil ja der Freitag der »Sonntag« der Muslime sei – und Freitag ist der Tag der Venus (vgl. ital. *venerdì*)! Auf diese Weise verband man konzeptuell die ausschweifende Sexualität, die Mohammed und den Muslimen im Allgemeinen zugeschrieben wurde, mit der Vorstellung einer Mohammedanbetung, die in den »Moschee-Tempeln« vor sich gehe.

Ganz offensichtlich basiert die Darstellung Mohammeds und der auf ihn zurückgehenden Glaubenslehre in der mittelalterlichen Literatur nicht auf konkretem Wissen über Mohammed und den Islam. Die herrschenden Ansichten sind aus der frühchristlichen Polemik gegen das antike Heidentum und den Erfahrungen mit nichtchristlichen Völkern Europas (Wikinger, Slawen) hervorgegangen und phantasievoll überformt worden. In den Heldenliedern wird Mohammed daher nicht nur grundsätzlich negativ, sondern auch wirklichkeitsfremd dargestellt, obwohl viele Epen vom historischen Konflikt zwischen Christen und Muslimen erzählen. Erstaunlich ist, wie hartnäckig sich die epische Bilderwelt bis ins 16. Jahrhundert, namentlich bis in die Werke von Ariost, Spencer und Tasso, fortgepflanzt hat.

Besser informiert, aber selten weniger negativ ist das Bild in theologischen Schriften. Hier ist die Stellung Mohammeds als Prophet zwar richtig wiedergegeben, doch muss er aus christ-

»Wenn man bedenkt, wie lebhaft die Berührungen zwischen Islam und Christentum während der ersten Hälfte des Mittelalters gewesen sind [...], so muß es fast Wunder nehmen, wie wenig daraus christlicherseits für die Kenntnis des Islam gewonnen worden ist«. (Prutz 1883, S. 72)

licher Sicht als Lügenprophet und Verführer, schlicht als Betrüger (*Impostor*) erscheinen. Dieser Beurteilung begegnet man in christlicher Literatur bis in die Gegenwart, wenn auch nicht mehr in den Publikationen von Vertretern der großen Kirchen. Allerdings sind es bis in die frühe Neuzeit nicht eben viele Schriften, die sich näher mit Mohammed oder dem Koran befassen, zumal die abendländischen Theologen des Mittelalters – im Gegensatz zu ihren Kollegen in den orientalischen Kirchen – kaum Gelegenheit hatten, mit Muslimen zu disputieren. Dementsprechend gering war der Bedarf an religiösen Streitschriften.

Nikolaus von Kues

Eines der bekanntesten Dokumente des theologischen Diskurses ist die 1461 entstandene *Cribratio Alcorani* (»Sichtung des Korans«) des Nikolaus von Kues. In der Vorrede fasst er das »klassische« Argument zusammen, welches hinter der abendländisch-christlichen Auffassung von Mohammed als Lügenprophet steht: »Wenn Muḥammad in irgendeinem Punkt von Christus abweicht, so muß das entweder aus Unwissenheit geschehen sein, weil er Christus weder kannte noch verstand, oder aus böser Absicht, weil er die Menschen nicht zu jenem Ziel der Ruhe führen wollte, zu dem Christus den Weg gezeigt hat, sondern unter dem äußeren Anstrich jenes Zieles seine eigene Ehre suchte. [...] Wir halten es für erwiesen, daß Unwissenheit die Ursache von Irrtum und Böswilligkeit ist.« (Kues 1989, S. 11-13) Also: Mohammed wusste entweder nichts von der Wahrheit des Christentums, oder er wollte nichts davon wissen; in beiden Fällen kann ihm aber Böswilligkeit unterstellt werden.

Dass diese Argumentation – samt dem Hinweis, Mohammed habe tatsächlich nur nach Macht und irdischer Größe gestrebt – über Jahrhunderte populär war, zeigt das 1697 erschienene Buch des Oxforder Theologieprofessors Humphrey

Prideaux mit dem Titel *The True Nature of Imposture Fully Display'd in the Life of Mahomet* (»Die wahre Natur der Betrügerei, zur Gänze dargestellt am Leben Mohammeds«); es wurde gleich nach Erscheinen in mehrere Sprachen übersetzt und erlebte noch 1808 eine »verbesserte« Auflage. Das Buch steht zu Recht in dem Ruf, eine der islamfeindlichsten Schriften zu sein, die je in Europa gedruckt worden sind. Mohammed wird darin u. a. als *wicked* (»charakterlich schlecht«) und *foul* (»widerlich, verderbt«) bezeichnet, und auch sonst spart der Autor nicht mit drastischen Ausdrücken. Die ungezügelte Polemik erklärt sich aber zu einem Gutteil daraus, dass Prideaux in seinem Werk weniger gegen Mohammed anschreibt, sondern ihn instrumentalisiert, um gegen bestimmte (deistische) Tendenzen unter den Christen seiner Zeit zu wettern.

»Die Geschichte seines Lebens zeigt zur Genüge, dass es Ehrgeiz und Luststreben waren, die für Mohammeds Betrügerei verantwortlich sind. Sein Land zu beherrschen, seinen Ehrgeiz zu stillen und so viele Frauen zu haben, als ihm gut schien, um seine Lust zu befriedigen: danach strebte er. Eine Gefolgschaft um sich zu scharen, um dies zu erreichen, war der große Hintergedanke bei der neuen Religion, die er erfand, und der einzige Sinn und Zweck, dass er sie denjenigen auferlegte, die er damit täuschen konnte« (Aus dem Anhang zu Prideaux' Mohammed-Buch, der »Brief an die Deisten« betitelt ist; Prideaux 1698, S. 10)

Ganz in der Tradition von Nikolaus von Kues und Prideaux steht auch das 1844 erschienene Werk *The False Prophet* (»Der falsche Prophet«) des amerikanischen Klerikers Harvey Newcomb. Das Buch präsentiert sich als Gespräch einer Mutter mit ihren Kindern, die über Mohammed und den Islam aufgeklärt werden sollen. Die moralische Schlechtigkeit (*wickedness*) Mohammeds wird hier erneut im Zusammenhang mit seiner Betrügerei gesehen, die ihm nur dazu gedient habe, weltliche Ziele zu erreichen. So erklärt die Mutter: »Oberster Eigennutz war ohne Zweifel das hauptsächliche Motiv Mohammeds: Er wollte sich selbst großmachen [...]. Alle reulosen Sünder machen sich ja selbst zum Gott: Ihr großes Lebensziel

»Mama, was ist der Islam?«

Mohammed (u. re., liegend) – von seinem Namen »Maometto« ist noch das »tto« zu lesen – im Fresko *L'inferno* (»Die Hölle«), Campo Santo Monumentale, Pisa, um 1340

ist es, sich selbst großzumachen und ihre eigenen weltlichen Interessen zu verfolgen.« Auf die Frage des Sohnes, ob denn alle Nichtchristen so »schlecht« (*bad*) seien wie Mohammed, antwortet sie: »Ich will nicht sagen, dass alle, die nicht im Christentum erneuert sind, eine so große innere Schlechtigkeit (*wickedness*) aufweisen wie Mohammed. Ich will nur sagen, dass sie bei ihrem Verhalten alle von denselben Grundsätzen geleitet sind. Gott hindert sie daran, ihre Herzensneigungen so stark auszuspielen, wie dies Mohammed getan tat. Andernfalls wären sie ebenso schlecht (*bad*), wie er es war.« (Newcomb 1844, S. 70)

Dante

Das Bild von Mohammed als Ketzer ist besonders durch Dantes *Göttliche Komödie* geprägt. Mohammed als Ketzer – als einen christlichen Häretiker – wahrzunehmen hatte eine lange Tradition in den nahöstlichen Kirchen, weil deren Vertreter ihn anfangs nicht als Stifter einer neuen (wenn auch aus ihrer Sicht falschen) Religion ansahen, sondern als christlichen Sektierer. Diese Beurteilung geht insbesondere auf den arabisch-christlichen Theologen Johannes von Damaskus (gest. um 750) zurück, dessen Darstellung der christlichen Häresien auch im lateinischen Abendland bekannt war. Dante (gest.

1321) siedelt Mohammed im neunten Höllenkreis unter den Häretikern und Schismatikern an, deren Strafe es ist, dass ihr Körper »vom Kinn bis zum Hintern« so aufgeschlitzt ist, wie sie zu Lebzeiten durch ihr verderbliches Wirken die Einheit des Glaubens »aufschlitzten«. Im 28. Gesang des *Inferno* heißt es (25-36):

»Zwischen den Beinen hing das Gedärm; die Eingeweide und der schnöde Beutel, der das Gegessene zu Kot verwandelt, blickten heraus. Während ich mich mühe, alles an ihm mit festen Blick zu schauen, sah er mich an, öffnete sich mit seinen Händen die Brust und sprach: ›Sieh her, wie ich mich aufreiße! Sieh, wie verstümmelt Mohammed ist! Vor mir geht weinend ʿAlī, das Gesicht vom Kinn bis hinauf zum Haaransatz entzwei geschlitzt. Und alle anderen, die du hier siehst, haben zu Lebzeiten Ärgernis und Spaltung verursacht, und so kommt's, dass sie auch hier gespalten sind.‹«

Die drastische Darstellung bei Dante wurde zur Vorlage zahlreicher Illustrationen, von den Miniaturen in Handschriften des 14. und 15. Jahrhunderts bis hin zu den bekannten Stichen Gustave Dorés und anderer Künstler des 19. Jahrhunderts.

Mohammed, das Genie

Die Aufklärung und die fortschreitende Auseinandersetzung mit der Kirche, schließlich der im frühen 19. Jahrhundert aufkeimende Geniekult haben in Europa eine ganz neue Sicht auf Mohammed hervorgebracht, die so positiv und überschwenglich ist, wie die mittelalterlich-christliche negativ und polemisch. Aufgrund der inneren, geistes- und religionsgeschichtlichen Entwicklung im Abendland war man von einem Extrem ins andere geraten: Was von christlicher Seite kritisiert worden war – der irdische »Erfolg« Mohammeds und seine Unbefangenheit gegenüber weltlichen Dingen –, wurde jetzt zum Gradmesser der Größe, die man Mohammed zubilligte. Man sah in ihm einen Mann der Tat, der zu Lebzeiten alle Ziele, die er sich gesteckt hatte, und mehr erreicht hatte; man verglich ihn mit Cäsar, Napoleon und anderen »Tatmenschen« der antiken und neuzeitlichen Geschichte.

»Nie hat ein Mensch in kürzerer Zeit eine so gewaltige und dauerhafte Revolution in der Welt hervorgebracht [...]. Wenn die Größe des Vorhabens, die Dürftigkeit der Mittel und das Ausmaß des Erreichten der dreifache Maßstab sind, woran menschliches Genie gemessen wird, wer würde es da wagen, in menschlicher Hinsicht eine große Persönlichkeit der modernen Geschichte mit Mohammed zu vergleichen? [...] Philosoph, Redner, Apostel, Gesetzgeber, Krieger, Überwinder von Ideen, Wiederaufrichter rationaler Dogmen einer Religion ohne Bilder, Gründer von zwanzig weltlichen Imperien und eines geistlichen, *voilà*, das ist Mohammed! An welchem Maßstab auch immer man menschliche Größe misst: Welcher Mann war größer als er?« (Alphonse de Lamartine in seiner *Geschichte der Türkei*, erschienen 1854; Lamartine 1854, S. 277 u. 280)

Stifter einer »Vernunftreligion«

Das an sich säkulare »Genie« Mohammeds behielt aber eine religiöse Komponente: Viele Aufklärer sahen im Islam – im Gegensatz zum Christentum – einerseits eine »natürliche«, vernunftgemäße Religion, andererseits eine rationale Gesetzgebung, und folglich in Mohammed sowohl den Propheten einer Vernunftreligion als auch einen Staatsphilosophen. Voltaire hat sich bisweilen in diesem Sinn geäußert, und Henri de Boulainvilliers wollte in seinem *La vie de Mahomed* (»Das Leben Mohammeds«, zweite Auflage 1731) den Beweis führen, dass Mohammed die »natürliche und einfache Religion« wiederhergestellt habe. Diese wird, »obwohl sie allen Menschen zugänglich ist, doch immer von ihren Leidenschaften entstellt« (Boulainvilliers 1731, S. 34). Mohammed habe eine Religion verkündet, »die kein Mysterium aufweist, das die Vernunft herausfordert«, ja die »aus langem und intensivem Nachdenken [...] über die Vereinbarkeit der Glaubensdinge mit der Vernunft« hervorgegangen sei (ebd., S. 244 f.). Außerdem sei es Mohammed gelungen, »die Macht der Natur« (*la puissance de la Nature*) – gemeint ist die körperliche Lust! – mit seinem Gesetz zu vereinbaren (ebd., S. 129).
Diese Einschätzung blieb im 18. Jahrhundert nicht unwidersprochen. So schreibt Montesquieu 1748 in seinem Traktat *De l'esprit des lois* (»Über den Geist der Gesetze«), der

Islam eigne sich nur für eine despotische Staatsform. Für die menschliche Natur sei es immer ein Unglück, »wenn die Religion von einem Eroberer gebracht wird. Die mohammedanische Religion, die nur vom Schwert spricht, prägt die Menschen noch immer mit dem zerstörerischen Geist dessen, der sie begründet hat« (Montesquieu 1995, S. 802). Dennoch sollte die Wahrnehmung Mohammeds als Prophet einer Vernunftreligion und rationaler Gesetzgeber das Mohammedbild der nächsten Jahrzehnte wesentlich bestimmen.

Carlyle

Große Nachwirkung entfaltet die aufklärerische Neubewertung Mohammeds im Kontext des Geniekults des 19. Jahrhunderts. Das bekannteste Beispiel ist die 1840 zuerst veröffentlichte Vorlesungsreihe von Thomas Carlyle, die den bezeichnenden Titel *On Heroes, Hero-Worship and the Heroic in History* (»Über Helden, Heldenverehrung und das Heroische in der Geschichte«) trägt. Mohammed steht bei Carlyle für den »Helden« (*hero*), der als Prophet auftritt, und findet sich in der illustren Gesellschaft von Dante, Shakespeare, Luther, Knox, Rousseau und Napoleon wieder, neben anderen.

Zweierlei ist bei Carlyle besonders bemerkenswert: Zum einen versucht er, Mohammed als »subjektiv« wahrhaften Propheten zu schildern, der also nicht nach den Maßstäben des Christentums, wohl aber nach seinen eigenen Maßstäben ein göttlich inspirierter Prophet, eine »große Seele« und ein »großer Mann« war – weil Mohammed glaubte, von Gott berufen zu sein, haben wir also das Recht, in ihm einen Gottgesandten zu sehen. Zum zweiten beweist Carlyle, indem er Mohammed unter die Größen der *abendlän-*

Mohammed im Habitus eines alttestamentlichen Propheten: Seine Wahrhaftigkeit wird sichtbar gemacht, indem man ihn nicht mehr in türkischer oder orientalischer Aufmachung abbildet, sondern als Propheten in christlicher Bildtradition. Frontispiz aus *Leben Mohammeds (...) Nach dem Französischen des J. Gagnier, mit einigen Anmerkungen, von C. F. R. Vetterlein*, 1802 *dischen* Geschichte aufnimmt, dass die Frontstellung zwischen Orient und Okzident aufgebrochen ist: Mohammed tritt damit vielleicht nicht in die Ahnenreihe, aber doch wenigstens in die geistige Arena der westlichen Welt ein, in der er zuvor keinen vergleichbaren Platz hatte. Es ist ein Platz, der ihm in der sogenannten »westlichen Wertegemeinschaft« heute von vielen wieder streitig gemacht wird. Aus der Rückschau ist deutlich, dass Carlyle ein Kind seiner Zeit ist, wenn er Mohammed in ein abendländisch geprägtes, zugleich aber universell konzipiertes Panorama stellt. Im 19. Jahrhundert bricht sich allgemein eine Universalisierung der Weltsicht Bahn, die Europa vordergründig in den Kontext der Weltgeschichte stellt, tatsächlich aber alle Weltkulturen und -religionen unter westlicher Hegemonie vereinnahmt. Nicht zufällig geschieht das im Jahrhundert des Kolonialismus, in dessen Verlauf die westlichen Mächte die Welt auch machtpolitisch und wirtschaftlich vereinnahmen.

Der Kult der »großen Männer« setzte sich bis ins frühe 20. Jahrhundert fort. Besonders gepflegt wurde er im angelsächsischen Sprachraum und hier speziell in den USA, wo der unbändige Tatendrang des 19. Jahrhunderts das Konzept des Tatmenschen besonders attraktiv machte. So erscheint Mohammed in dem Buch *Famous Men of Ancient Times* (»Berühmte Männer aus alter Zeit«, Boston 1843) von S. Goodrich und wird darin vor Attila, Nero, Seneca, Cicero, Cäsar, Hannibal, Sokrates und anderen behandelt. Den Abschluss bildet Konfuzius, zusammen mit Mohammed der einzige außereuropäische Vertreter. Im Werk *Men of Might. Studies of Great Characters* (»Machtvolle Männer. Studien zu großen Charakteren«, London 1892) von A. Benson und H. Tatham ist Mohammed neben Sokrates, Bernhard von Clairvaux, Savonarola, Michelangelo und anderen – als einziger Nichteuropäer! – aufgenommen worden.

Im deutschen Sprachraum war das Bild Mohammeds als Genie und Tatmensch niemals annähernd stark ausgeprägt. Das bekannteste Beispiel – und zugleich den Abgesang dieser Vorstellung – bietet Oswald Spengler in seinem Buch *Der Untergang des Abendlandes* (zuerst 1917). Mohammed erscheint da-

Spengler

»Es war ein gewiefter Mann, dieser Mohammed [...]. Lebte er heute in England oder den Vereinigten Staaten, er wäre Präsident einer Bank oder Direktor eines Eisenbahnunternehmens oder einer Kanalbaubehörde. Wenn er nun mit kühlem Kopf seine Chancen einschätzte, was konnte er da durch Prophetentum gewinnen? Einerseits gewissen Rang, Reichtum, Respekt und Ehrerbietung; andererseits war nichts sicher, vielmehr war es wahrscheinlich, dass er verfolgt würde und am Ende auf wenig mehr hoffen konnte, als den Glauben an einen Gott in die Welt zu setzen, der ihm aber – wenn man annimmt, er sei ein Betrüger gewesen – keinen Pfifferling wert war. Würde ein überlegt handelnder Yankee sich heute auf so ein Schwindel-Geschäft einlassen, bei dem die Risiken derart groß sind?« (Der amerikanische Historiker James H. Perkins in seiner Charakterstudie über Mohammed aus dem Jahr 1851; Perkins 1851, S. 7)

rin als »Macher des Weltgeschehens«: »Niemand hat beim Auftreten Mohammeds den Sturm des Islam, niemand beim Sturze Robespierres Napoleon vorausgewußt. Daß große Menschen kommen, was sie unternehmen, ob es ihnen glückt – alles das ist unberechenbar« (Spengler 1986, S. 182). An anderer Stelle nennt Spengler in einem Atemzug Alexander, Diokletian, Mohammed, Luther, Napoleon als »große Einzelpersonen« und behandelt in einem eigenen Kapitel Pythagoras, Mohammed und Cromwell.

Der Geniekult des 19. Jahrhunderts ist heute diskreditiert, weil er wenigstens zum Teil die geistigen Grundlagen dafür gelegt hatte, dass Hitler, Stalin und andere Schreckensgestalten des 20. Jahrhunderts möglich wurden. Aber im besonderen Fall Mohammeds ist es angesichts der überhitzten öffentlichen Diskussion, die wir gegenwärtig erleben, gar nicht die Frage, ob man ihn als »großen Menschen« wahrnehmen kann, sondern inwieweit ihm überhaupt ein Platz in der westlichen Werteordnung zukommen soll. Ganz andere Facetten seiner Beurteilung haben sich längst wieder in den Vordergrund geschoben.

Mohammed, der Fanatiker

Im Oktober 2001 berichtete die französische Tageszeitung *Le Monde*, dass jeder zweite Franzose das Wort »Islam« mit Fanatismus assoziiere. Die Radikalisierung des politischen Islamismus in den letzten beiden Jahrzehnten hat dies ebenso bewirkt wie die unzureichend selbstkritische und differenzierende Haltung des Westens gegenüber der islamischen Welt. Allerdings ist die Verbindung der Begriffe »Islam« und »Fanatismus« an sich nicht neu, sondern hat gerade in der abendländischen Wahrnehmung Mohammeds eine lange Tradition.

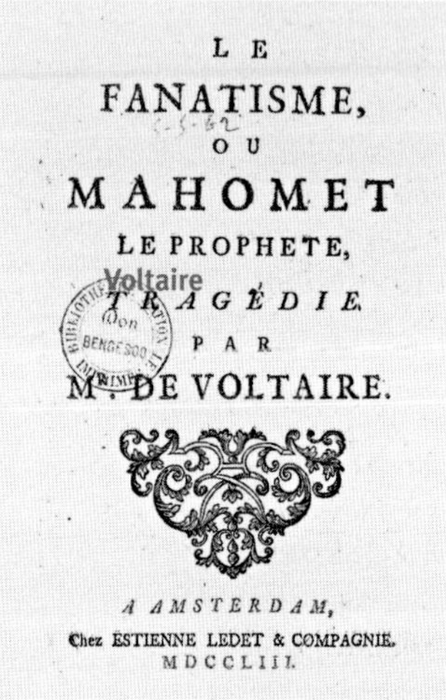
LE FANATISME, OU MAHOMET LE PROPHETE, TRAGÉDIE. PAR Mr. DE VOLTAIRE.

A AMSTERDAM, Chez ESTIENNE LEDET & COMPAGNIE. MDCCLIII.

Voltaire

Voltaire behandelt in seinem *Dictionnaire philosophique* (»Philosophisches Wörterbuch«) von 1764 ausführlich den Fanatismus, erwähnt dabei jedoch weder Mohammed noch den Islam. Schon 1740 hatte er aber den Begriff »Fanatismus« für sein (ganz unhistorisches) Schauspiel über Mohammed gebraucht, das den Titel *Der Fanatismus, oder Mohammed, der Prophet* (*Le fanatisme, ou Mahomet le prophète*) trägt. In einem Brief vom Dezember 1740 an den preußischen König Friedrich II. kommentiert Voltaire sein Werk und seine Auffassung von Fanatismus wie folgt:

»Ich erlaube mir, Ihnen eine neue Abschrift der Tragödie *Mahomet* zu schicken, die Sie haben wollten [...]. Die Liebe zum Menschengeschlecht und das Grauen vor Fanatismus [...] haben meine Feder geführt. [...] Sollte man nicht versuchen, mit einer Tragödie jene Anmaßung zu attackieren, die bei den einen zur Heuchelei, bei den anderen zur Raserei führt? Sollte man nicht bis zu den ältesten Verbrechern, den berühmten Urhebern von Aberglauben und Fanatismus, hinabsteigen, die als erste vom Altar das Opfermesser nahmen, um die, die nicht ihre Anhänger sein wollen, hinzuschlachten? Die, die sagen, die Zeiten solcher Verbrechen seien vorüber, wir würden nun keine Bar Kosiba's, Mohammeds, Johanns von Leyden etc. mehr erleben [...], erweisen, so will mir scheinen, der menschlichen Natur zuviel der Ehre« (Voltaire 1994, S. 216 f.). Voltaire fährt dann fort, sich über Mohammed auszulassen: »Ich gebe zu, daß wir ihn hochachten müßten, wenn er, als legitimer Herrscher geboren oder mit Zustimmung der Seinen an die Macht gelangt, Gesetze des Friedens erlassen hätte [...]. Doch daß ein Kamelhändler in seinem Nest Aufruhr entfacht, daß er [...] seine Mitbürger glauben machen will, daß er sich mit dem Erzengel Gabriel unterhielte; daß er sich damit brüstet, in den Himmel entrückt worden zu sein und dort einen Teil jenes unverdaulichen Buches empfangen zu haben, das bei jeder Seite den gesunden Menschenverstand erbeben läßt, daß er, um diesem Werke Respekt zu verschaffen, sein Vaterland mit Feuer und Eisen überzieht, [...] daß er den Geschlagenen die freie Wahl zwischen Tod und seinem Glauben läßt: das ist nun mit Sicherheit etwas, das kein Mensch entschuldigen kann, [...] es sei denn, der Aberglaube hat in ihm jedes natürliche Licht erstickt.« (ebd., S. 219 f.)

In diesem Absatz finden sich die meisten negativen Elemente des westlichen Mohammedbildes wie an einer Schnur aufgereiht, wobei besonders beachtenswert ist, dass Voltaire hier gerade nicht das aufklärerische Konzept vom Islam als einer Vernunftreligion bemüht, sondern im Gegenteil Mohammeds Religion als ganz und gar unvernünftigen Aberglauben hinstellt. Dennoch ist die Haltung Voltaires gegenüber Mohammed schillernd und uneinheitlich. In seinem *Essai sur les mœurs et l'esprit des nations* (»Versuch über die Sitten und den Geist der Völker«, zuerst 1753) gibt er eine deutlich abgemilderte Darstellung und billigt Mohammed zu, er mag, »wie alle Enthusiasten«, von seiner eigenen Berufung überzeugt gewesen sein (Voltaire 1829, S. 328 f.). »Enthusiast« meint in diesem Zusammenhang den Fanatiker, ohne dabei als Begriff so negativ zu wirken.

Schon Henri de Boulainvilliers schreibt in seiner Mohammedbiographie von 1731, dass der Islam als »allereinfachste und allerverständlichste Religion« bei den Arabern *enthousiasme* und *fanatisme* (Boulainvilliers 1731, S. 180) ausgelöst habe. Ein ähnlicher Wortgebrauch findet sich dann in einigen Schriften

Kant und die »Schwärmerei«

Immanuel Kants wieder, der neben »Fanatismus« auch von »Schwärmerei« spricht. In seiner frühen Abhandlung *Versuch über die Krankheiten des Kopfes* (1764) stellt Kant explizit einen Zusammenhang zwischen dem Fanatismus bzw. der Schwärmerei und dem weltlichen Erfolg Mohammeds her: »Ganz anders ist es mit dem Fanatiker (Visionär, Schwärmer) bewandt. Dieser ist eigentlich ein Verrückter von einer vermeinten unmittelbaren Eingebung, und einer großen Vertraulichkeit mit den Mächten des Himmels. Die menschliche Natur kennet kein gefährlicheres Blendwerk. [. . .] Die Schwärmerei führet den Begeisterten auf das Äußerste, den Mahomet auf den Fürstenthron, und den Johann von Leyden aufs Blutgerüste« (Kant 1977, S. 896).

Hegel

Im 19. Jahrhundert ist es schließlich Hegel, der in seinen *Vorlesungen über die Philosophie der Geschichte* (zuerst gedruckt 1837) bei seiner Darstellung des Islams den Begriff des Fanatismus ausgiebig verwendet. Weil er aber im Gegensatz zu Kant dem »mohammedanischen Fanatismus« etwas Erhabenes abgewinnen kann, nennt er ihn auch »Begeisterung«: »Die Abstraktion beherrschte die Mohammedaner: ihr Ziel war, den abstrakten Dienst geltend zu machen, und danach haben sie mit der größten Begeisterung gestrebt. Diese Begeisterung war *Fanatismus*, d. h. eine Begeisterung für ein Abstraktes, für einen abstrakten Gedanken, der negierend sich zum Bestehenden verhält. Der Fanatismus ist wesentlich nur dadurch, daß er verwüstend, zerstörend gegen das Konkrete sich verhält; aber der mohammedanische war zugleich aller Erhabenheit fähig, und diese Erhabenheit ist frei von allen kleinlichen Interessen und mit allen Tugenden der Großmut und Tapferkeit verbunden« (Hegel 1986, S. 431).

Im Folgenden bewegt sich Hegel wortberauscht auf das Konzept des genialischen »Tatmenschen« zu, der ohne fanatische Begeisterung seine Wirkung nicht entfalten kann: »Während die Europäer eine Menge von Verhältnissen haben und ein Konvolut derselben sind, ist im Mohammedanismus das Individuum nur *dieses*, und zwar im Superlativ, grausam, listig, tapfer, großmütig im höchsten Grade. [. . .] Nie hat die *Begeisterung* als solche größere Taten vollbracht. Individuen können sich für das Hohe in vielerlei Gestalten begeistern; [...] aber die abstrakte, darum allumfassende, durch nichts aufgehaltene und nirgend sich begrenzend, gar nichts bedürfende Begeisterung ist die des mohammedanischen Orients« (ebd., S. 432). Sodann endet Hegel seine Ausführungen mit der Feststellung, dass sich im Lauf der islamischen Geschichte der Fanatismus »abgekühlt« habe, weshalb »kein sittliches Prinzip in den Gemütern geblieben« sei, ja der Orient sei, »nachdem die Begeisterung allmählich geschwunden war, in die größte Lasterhaftigkeit versunken« (ebd., S. 433 f.). Man tut sich schwer, derlei Schwadronieren aus heutiger Sicht ernstzunehmen, obwohl doch der hinter dieser Rhetorik steckende Geist mancherorts noch lebendig ist.

Die von den Philosophen des 18. und 19. Jahrhunderts vorbereitete und popularisierte Rede vom Fanatismus der Muslime breitet sich im Lauf des 19. Jahrhunderts aus und wird allgemein, besonders in der Reiseliteratur. Beispielhaft illustriert das der Bericht des österreichisch-habsburgischen Kronprinzen Rudolf, der im Jahr 1881 eine Orientreise unternommen hatte. In Kairo besuchte der Kronprinz – dem man keine tiefere Kenntnis des Islams unterstellen kann – die Azhar-Universität und schrieb später darüber:

Ein Besuch in Kairo

»Noch jetzt ist sie die berühmteste Universität des Orients und zugleich eine Brutstätte des mohamedanischen Fanatismus. [...] In kleinen, aus Rohrgittern geflochtenen Hütten sitzen auf erhöhtem Posten die Lehrer, urkomische Gestalten; [...] unter den lächerlichsten Bewegungen kreischen sie mit heiserer Stimme ihren Vortrag herunter; alte, verstaubte Chorâne, das Um und Auf der morgenländischen Wissenschaft, liegen vor ihnen [...]. Um jeden Lehrer herum hockt, liegt oder sitzt auf blanker Erde ein dichter Kreis apathisch aussehender Jünglinge; viele horchen, manche müssen repetiren; man kann sich vorstellen, wie lärmend es in dieser sogenannten Hochschule, in diesem endlosen Hörsaal, zugeht. Das Bild wirkt in der That verblüffend auf jeden Europäer« (Kronprinz Rudolf 1885, S. 36, 39).

Bemerkenswert ist allerdings, dass der Fanatismus in der Reiseliteratur und vergleichbaren populären Schriften nur selten mit Mohammeds Person in Verbindung gebracht wird, sondern mit Zuständen, welche die Autoren im Orient beobachtet haben wollen. Fanatismus in Leben und Lehre Mohammeds auf dessen persönlicher Ebene zu konstatieren war im 19. Jahrhundert eher eine Sache der christlichen Missionare und einiger Orientalisten:

»Aber freilich die schlimmsten Schäden der muslimischen Welt lassen sich unmittelbar auf Muhammad zurückführen. Der Mangel eines streng sittlichen Gemüts, der Geist des Fanatismus, der jede wahre Duldung ausschließt, die ganz buchstäbliche Auffassung der Offenbarung, welche jede freiere Auffassung verhindert und daher die Wissenschaft nur so weit fortschreiten läßt, wie sie mit dem starren Buchstaben des Korans nicht in Widerspruch gerät, dies Alles findet sich schon in Muhammad selbst und hat sich bei seinen Anhängern verhängnisvoll entwickelt.« (Der deutsche Orientalist Theodor Nöldeke über Mohammed; Nöldeke 1863, S. 188 f.)

Bemerkenswert ist auch, dass die Rede vom Fanatismus im 19. Jahrhundert kaum jemals eine politische oder ideologische Konnotation hat, wie dies heute fast immer der Fall ist: Die Muslime werden zwar oft als fanatisch, aber nicht als bedrohlich geschildert; wie in der oben zitierten Schilderung des Kronprinzen geben sie eher zu Verblüffung und Belustigung als zu Furcht Anlass. Die gewandelte weltpolitische Lage und die Konflikte, die durch Imperialismus, Migrationsströme und ökonomisches Ungleichgewicht hervorgerufen wurden, haben seit dem 20. Jahrhundert dem Begriff des Fanatismus, insofern er auf Mohammed oder den Islam angewendet wird, wieder seine ganze negative und ideologische Aufladung beschert, den er schon in den frühen Schriften Voltaires besaß.

Wie kein anderes Element des abendländischen Mohammedbildes zeigt daher der Fanatismusbegriff, wie schwankend dieses Bild über die Jahrhunderte gewesen ist: Der vermeintliche Fanatismus Mohammeds galt den einen als blinde Raserei, Wahnsinn und unvernünftiger Aberglaube, anderen als Enthusiasmus und Begeisterung. Dass für die jeweilige Färbung des

Begriffs nicht in erster Linie Kenntnisse über Mohammeds Leben oder den Islam ausschlaggebend waren, sondern binnenkulturelle Auseinandersetzungen und politische Konstellationen, ist offensichtlich. Daran hat sich bis in die Gegenwart wenig geändert.

Wie wohltuend ist vor diesem Hintergrund die lakonische Abfuhr, die L. Constant dem Begriff des Fanatismus erteilte! Er hatte Algerien nach der Eroberung durch die Franzosen (1830) als Offizier in deren Diensten kennengelernt und schreibt in seinen 1844 erschienenen Aufzeichnungen: »Man wirft dem Araber vor, der fanatische Glaubenseifer mache ihn zum natürlichen Feinde der Christen und lasse ihn nach deren Blut lechzen. Es ist dies aber Thorheit, der Araber ist duldsamer als der Christ« (Constant 1844, S. 205 f.). Weil Constant schon damals von den Vorurteilen der Beteiligten auf beiden Seiten angewidert war, nahm er auf Seite 116 seiner Aufzeichnungen den Schlusssatz dieses Buches vorweg: »Herr, hilf ihnen und uns von der Blindheit des Fanatismus, und gieb uns Allen das Licht Deiner Wahrheit!«

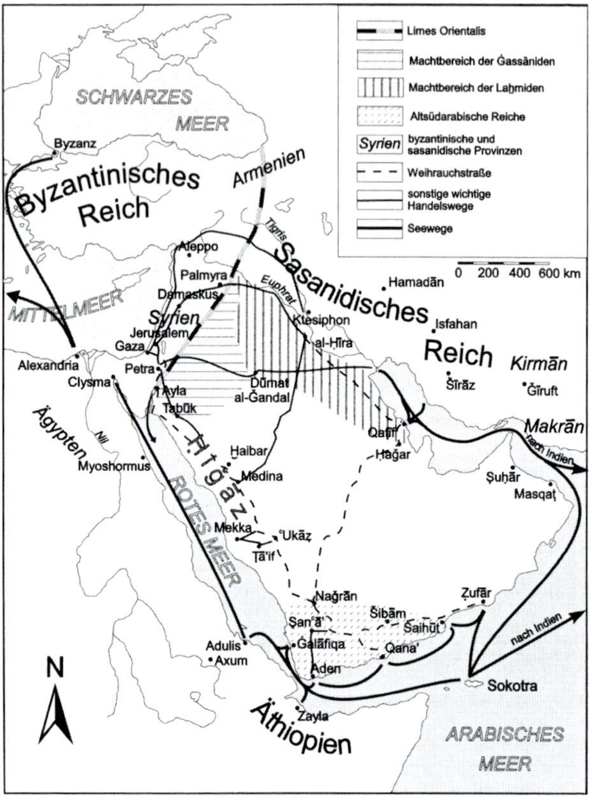
Limes Orientalis
Machtbereich der Ġassāniden
Machtbereich der Laḫmiden
Altsüdarabische Reiche
Syrien
byzantinische und sasanidische Provinzen
Weihrauchstraße
sonstige wichtige Handelswege
Seewege
0 200 400 600 km
SCHWARZES MEER
Byzanz
Byzantinisches Reich
Armenien
Tigris
Aleppo
Palmyra
Euphrat
Sasanidisches Reich
Hamadān
Damaskus
MITTELMEER
Syrien
Ktesiphon
Isfahan
Jerusalem
Gaza
al-Ḥīra
Alexandria
Petra
Kirmān
Clysma
Dūmat al-Ǧandal
Šīrāz
Ǧīruft
Ayla
Tabūk
Makrān
Ägypten
Nil
Qaṭīf
Ḥiǧāz
Haibar
Haǧar
nach Indien
Myoshormus
ROTES MEER
Medina
Ṣuḥār
Masqaṭ
Mekka
ʿUkāẓ
Ṭāʾif
Naǧrān
Ẓufār
Šibām
Ṣanʿāʾ
Saihūt
nach Indien
Adulis
Axum
Ġalāfiqa
Qanaʾ
N
Aden
Sokotra
Zayla
Äthiopien
ARABISCHES MEER

Der Mittlere Osten zur Zeit des Propheten

Anhang

Zeittafel

Die angegebenen Daten folgen der traditionellen Datierung.

um 570 Geburt Mohammeds in Mekka (Hedschas, heute Saudi-Arabien).
um 595 Heirat mit Ḫadīǧa; Reise(n) nach Syrien.
610 Erste Offenbarung (»Berufungserlebnis«) auf dem Berg Ḥirā'.
610-613 Mohammed tritt noch nicht öffentlich als Prophet auf; innerhalb seiner Familie und seines Freundeskreises nehmen einige den neuen Glauben an.
613-622 »Mekkanische Periode«: Mohammeds öffentliches Auftreten und Wirken als Prophet in Mekka.
619 Tod Ḫadīǧas; zunehmender Widerstand der Mekkaner gegen Mohammeds neue Religion.
620-621 Zweimaliges Treffen mit Abgesandten aus Medina bei ʿAqaba.
622 Juli-September: Mohammed verlässt Mekka und geht nach Medina (»Emigration«: *hiǧra*).
622-632 »Medinensische Periode«.
624 Frühjahr: Siegreiche Schlacht bei Badr; danach Vertreibung der jüdischen Banū Qainuqāʿ aus Medina.
625 Frühjahr: Niederlage bei Uḥud; danach Vertreibung der jüdischen Banū n-Naḍīr.
627 Belagerung Medinas im »Grabenkrieg«; Tötung bzw. Versklavung der jüdischen Banū Quraiẓa.
628 Vertrag von Ḥudaibiya; Einnahme der jüdischen Stadt Ḫaibar.
629 Besuch der Kaaba in Mekka.
630 Einnahme Mekkas; Schlacht bei Ḥunain.
631 »Abschiedswallfahrt« und letzter Aufenthalt in Mekka; Delegationen arabischer Stämme werden in Medina vorstellig.
632 8. Juni: Tod Mohammeds nach kurzer Krankheit; Abū Bakr wird als erster Kalif der neue Führer der islamischen Gemeinde.

Glossar

Abbasiden: Die zweite Dynastie der Kalifen, 750 bis 1258; Hauptsitz ist Bagdad.

Fatimiden: Schiitische (→ Schiiten) Dynastie in Ägypten, 969 bis 1171.

Hadith: Eine Überlieferung über Aussagen oder Handlungen Mohammeds (von ar. *ḥadīṯ*, »mündlicher Bericht«); die Gesamtheit aller Hadithe wird als »Hadithüberlieferung« bezeichnet.

Kaaba: Würfelförmiger Bau aus vorislamischer Zeit in Mekka; der Umgang (*ṭawāf*) um die Kaaba gehört zu den Riten der islamischen Pilgerfahrt (*ḥağğ*).

Kalif: Nachfolger Mohammeds als Oberhaupt der islamischen Gemeinde (von ar. *ḫalīfa*, »Stellvertreter« oder »Nachfolger«).

Imamatslehre → Schiiten

Muʿtazila: Sammelbezeichnung für »rationalistische« Theologen, die mit der orthodoxen sunnitischen Gelehrtenschaft über die islamische Glaubenslehre stritten (von ar. *muʿtazila*, »Gruppe, die sich absondert«).

Rechtstradition: Das islamische Recht kennt vier große sunnitische »Rechtsschulen« und eine schiitische. Die sunnitischen Rechtstraditionen sind die hanafitische, hanbalitische, malikitische und schafiitische.

Schiiten: Nach den Sunniten die wichtigste islamische Konfession (von ar. *šīʿat ʿAlī*, »Gefolgschaft ʿAlīs«) mit mehreren Fraktionen. Grundlegend ist die Imamatslehre: Die Reihe der Imame beginnt mit ʿAlī, ihm folgen seine Nachfahren aus seiner Verbindung mit Mohammeds Tochter Fāṭima; sie alle bilden eine Kette spiritueller Nachfolger des Propheten.

Sufik (auch »Sufismus«): Sammelbegriff für die islamische Theosophie und Mystik (von ar. *ṣūfī*).

Sunna: Das für Muslime vorbildliche Handeln des Propheten (von ar. *sunna*, »Handlungsweise«).

Sunniten: Die größte islamische Konfession (über 85%), benannt nach der → Sunna des Propheten; die Imamatslehre der → Schiiten wird von den Sunniten abgelehnt.

Sure: Bezeichnung für die einzelnen Abschnitte bzw. Kapitel des Korans, der insgesamt 114 Suren (ar. *sūra*) enthält.

Umaiyaden: Die erste Dynastie der Kalifen, 656 bis 749/750; Hauptsitz ist Damaskus.

Umschrift und Aussprache

Die Umschriftzeichen folgen den üblichen Regeln der Deutschen Morgenländischen Gesellschaft (DMG).

’ »Hamza«, Stimmabsatz, wie in *vereisen* (*ver’eisen*) im Unterschied zu *verreisen*
ʿ »ʿAin«, stimmhafter Reibelaut (ein aus der Kehle hervorgepresstes *a*)
ḍ emphatisches (dumpfes) *d*
ḏ behauchtes stimmhaftes *d*, wie in engl. *this*
ǧ wie deutsches *dsch* in »Dschungel«
ġ stimmhafter Reibelaut, wie deutsches Gaumen-R
ḥ stark gehauchtes *h* (»*h* nach dem Treppensteigen«)
ḫ wie deutsches *ch* in »ach«
q ein kehliges *k*, ohne nachfolgendes *u* auszusprechen
ṣ emphatisches (scharfes) *s*
š wie deutsches *sch* in »Schiff«
ṭ emphatisches (dumpfes) *t*
ṯ behauchtes stimmloses *t*, wie in engl. *think*
w wie englisches *w* in *wood*
y konsonantisch, wie deutsches *j* in »Kajak«
z stimmhaftes *s* wie in »Bulldozer«
ẓ emphatisches (dumpfes) stimmhaftes *s*

Ein Strich über einem Vokal bezeichnet dessen Längung, also *ā* wie in »Lage«, *ī* wie in »tief« und *ū* wie in »Mut«.

Arabische Namensbestandteile

Abū: »Vater (von)« – Umm: »Mutter (von)«
Banū: »Söhne, Nachkommen (von)«, v. a. in Stammesnamen, z. B. »Banū Hāšim« = »die Nachkommen Hāšims« (»Haschemiten«)
Bint/bint: »Tochter (von)« – Ibn/ibn: »Sohn (von)«

Bibliographie

Alle Zitate aus fremdsprachigen Werken im Text wurden, soweit nicht anders angegeben, von Marco Schöller übersetzt.
ND = Nachdruck, Ü = Übersetzung

Im Text verwendete Siglen

Q Koran (arab. *Qur'ān*). Zitierbeispiel: »Q 33:40« = Koran, Sure 33, Vers 40. Mehrere Koranverse werden traditionell durch ein Sternchen (*) voneinander abgetrennt.
SI Ibn Isḥāq: *as-Sīra an-nabawīya* (s. u.)
TŠ at-Tirmiḏī: *Šamā'il an-nabī* (s. u.)

Kommentierte Auswahlbibliographie

Bobzin, Hartmut: *Mohammed*, München 2000.
Sehr gute Einführung in Leben und Nachwirkung Mohammeds.
Buhl, Frants: *Das Leben Muhammeds*, deutsch von H. Schaeder, Darmstadt [3]1961.
Nach wie vor lesenswerte Biographie. Standardwerk.
Hoyland, Robert: *Seeing Islam as Others Saw It: A Survey and Evaluation of Christian, Jewish and Zoroastrian Writings on Early Islam*, Princeton 1997.
Umfassende Sammlung nicht-islamischer Quellen des 7. und 8. Jhs. zu Mohammed und zum frühen Islam in englischer Übersetzung.
Ibn Isḥāq, Muḥammad: *Das Leben des Propheten*, aus dem Arab. von Gernot Rotter, Kandern 1999.
Auswahlübersetzung der ältesten, fast vollständig erhaltenen Prophetenbiographie von Muḥammad ibn Isḥāq (gest. 767).
Jansen, Hans: *Mohammed. Eine Biographie*, deutsch von M. Müller-Haas, München 2008.
Sehr engagierte, teils auch polemische Darstellung, die den »historischen« Mohammed ganz aus der Problematik der Gegenwart heraus interpretiert.
Lings, Martin: *Muhammad. His Life Based on the Earliest Sources*, Cambridge 1991 (zuerst London 1983) (Ü: *Muḥammad. Sein Leben nach den frühesten Quellen*, Kandern 2000).
Sehr gut lesbare, ausführliche Darstellung aus islamischer Sicht.
Nagel, Tilman: *Allahs Liebling. Ursprung und Formen des Mohammedglaubens*, München 2008. (= Nagel 2008)
Umfassende Studie über die wichtigsten arabischen Schriften zur sun-

nitischen Prophetologie und Mohammed-Frömmigkeit.
Ohlig, Karl-Heinz / Puin, Gerd-R. (Hg.): *Die dunklen Anfänge. Neue Forschungen zur Entstehung und frühen Geschichte des Islam*, Berlin [3]2007; **Ohlig, Karl-Heinz (Hg.):** *Der frühe Islam. Eine historisch-kritische Rekonstruktion anhand zeitgenössischer Quellen*, Berlin 2007.
Zwei Aufsatzsammlungen der »revisionistischen« Forschungsrichtung, die das herkömmliche Bild Mohammeds und des frühen Islams nicht akzeptiert und alternative Szenarien entwickelt.
Paret, Rudi: *Mohammed und der Koran. Geschichte und Verkündigung des arabischen Propheten*, Stuttgart [9]2005.
Im deutschen Sprachraum weit verbreitete Abhandlung; nicht mehr auf dem neuesten Stand.
Rubin, Uri (Hg.): *The Life of Muḥammad*, Aldershot 1998.
Sammlung von islamwissenschaftlichen Aufsätzen zu Mohammed, die im 20. Jahrhundert besonders einflussreich waren.
Schimmel, Annemarie: *And Muhammad is His Messenger. The Veneration of the Prophet in Islamic Piety*, Chapel Hill, London 1985 (Ü: *Und Muhammad ist Sein Prophet: Die Verehrung des Propheten in der islamischen Frömmigkeit*, München [3]1995).
Die umfassendste Darstellung der Mohammed-Verehrung in allen Regionen der islamischen Welt. Die englische Ausgabe ist mit der deutschen Ausgabe teilweise nicht deckungsgleich.
Sprenger, Alois: *Das Leben und die Lehre des Moḥammad nach bisher größtentheils ungenutzten Quellen*, 3 Bände, Berlin 1861-69 (ND Hildesheim 2003).
Die umfassendste Mohammedbiographie in deutscher Sprache: gut aufbereitete, detaillierte Materialsammlung, in Urteil und Stil aber an vielen Stellen deutlich veraltet.
Watt, W. Montgomery: *Muḥammad. Prophet and Statesman*, London 1961.
Eine im angelsächsischen Sprachraum sehr bekannte Mohammedbiographie, die auf Watts ausführlicheren Studien *Muhammad at Mecca* (Oxford 1953) und *Muhammad at Medina* (Oxford 1956) fußt.

Weitere Literatur

Abdel-Malek, Kamal: *Muḥammad in the Modern Egyptian Ballad*, Leiden 1995.
Abdel-Malek, Kamal / Asani, Ali S.: *Celebrating Muḥammad. Images of the Prophet in Popular Muslim Poetry*, Columbia 1995.
Ahrens, Karl: *Muhammed als Religionsstifter*, Leipzig 1935.

Almond, Philip C.: *Heretic and Hero. Muhammad and the Victorians*, Wiesbaden 1989.

Andrae, Tor: *Mohammed. Sein Leben und sein Glaube*, Göttingen 1932 (ND Hildesheim 1977).

Andrae, Tor: *Die Person Muhammeds in Lehre und Glauben seiner Gemeinde*, Stockholm 1918.

Antes, Peter: *Prophetenwunder in der Aš'arīya bis al-Ġazālī (Algazel)*, Freiburg i. Br. 1970.

Baihaqī, Aḥmad ibn al-Ḥusain al-: *Dalā'il an-nubūwa wa-ma'rifat aḥwāl ṣāḥib aš-šarī'a*, hg. von 'Abd al-Mu'ṭī Qal'ağī, 7 Bände, Beirut ²1988.

Berg, Herbert (Hg.): *Method and Theory in the Study of Islamic Origins*, Leiden 2003.

Birkeland, Harris: *The Legend of the Opening of Muhammed's Breast*, Oslo 1955.

Blachère, Régis: *Le problème de Mahomet. Essai de biographie critique du fondateur de l'Islam*, Paris 1952 (öfters nachgedruckt).

Buḫārī, Muḥammad ibn Ismā'īl, al-: *Ṣaḥīḥ al-Buḫārī (al-Ğāmi' aṣ-ṣaḥīḥ)*, nach dem Text in Ibn Ḥağar al-'Asqalānī: *Fatḥ al-bārī fī šarḥ Ṣaḥīḥ al-Buḫārī*, 16 Bände, Beirut ²1997.

Bülow, Gabriele von: *Ḥadīthe über Wunder des Propheten Muḥammad insbesondere in der Traditionssammlung des Buḫārī*, Diss. Bonn 1964.

Burton, John: *An Introduction to the Ḥadīth*, Edinburgh 1994.

Colloque de Strasbourg: La vie du Prophète Mahomet (1980), Paris 1983.

Cook, Michael: *Muhammad*, Oxford 1983 (öfters nachgedruckt).

Crone, Patricia: *Meccan Trade and the Rise of Islam*, Princeton 1987.

D'Ancona, Alessandro: *La leggenda di Maometto in occidente*, hg. von A. Borruso, Rom 1994 (Neuausgabe; zuerst 1889).

Ende, Werner: »Muṣṭafā 'Aqqāds ›Muḥammad‹-Film und seine Kritiker«, in: H.-R. Roemer (Hg.): *Studien zur Geschichte und Kultur des Vorderen Orients*, Leiden 1981, S. 32-52.

Essad Bey, Mohammed (= Leo Noussimbaum): *Mohammed. Biographie*, Darmstadt ²1991 (zuerst Berlin 1932).

Forward, Martin: *Muhammad: A Short Biography*, Oxford 1997 (Ü: *Mohammed – der Prophet des Islam. Sein Leben und seine Wirkung*, Freiburg i. Br. 1998).

Goldziher, Ignaz: *Muhammedanische Studien*, 2 Bände, Halle/S. 1888-90 (ND Hildesheim 2004).

Guillaume, Alfred: *The Traditions of Islam. An Introduction to the study of the Hadith Literature*, Oxford 1924 (ND Beirut 1966).
Haikal, Muhammad H.: *Das Leben Muhammads*, Siegen 1987.
Hawting, Gerald R.: *The Idea of Idolatry and the Emergence of Islam. From Polemic to History*, Cambridge 1999.
Haydar, Ahmad: *Mittelalterliche Vorstellungen vom Propheten der Sarazenen*, Diss. Berlin 1971.
Hoyland, Robert: *Arabia and the Arabs: From the Bronze Age to the Coming of Islam*, London 2001.
Ibn al-Ǧauzī, Abū l-Faraǧ ʿAbd ar-Raḥmān: *Kitāb al-Wafā bi-aḥwāl al-Muṣṭafā*, hg. von Muṣṭafā ʿAbd al-Qādir ʿAṭā, Beirut 1988.
Ibn Isḥāq, Muḥammad / Ibn Hišām, ʿAbd al-Malik al-Ḥimyarī: *as-Sīra an-nabawīya*, hg. von as-Saqqā, al-Ibyārī u. a., 4 Bände, ND Beirut 1985.
Johnson, Galen: »Muhammad and Ideology in Medieval Christian Literature«, in: Islam and Christian-Muslim Relations 11 (2000), S. 333-346.
Khoury, Adel Th.: *Muhammad: Der Prophet und seine Botschaft*, Freiburg i. Br. 2008 (aktual. Neuausgabe).
Lammens, Henri: »Qoran et Tradition. Comment fut composé la vie de Mahomet«, in: Recherches de Science Religieuse 1 (1910), S. 27-51.
Lecker, Michael: *Jews and Arabs in pre- and early Islamic Arabia*, Aldershot 1998.
Lecker, Michael: *Muslims, Jews and Pagans. Studies on Early Islamic Medina*, Leiden 1995.
Lecker, Michael / Tottoli, Roberto (Hg.): *Vite antiche di Maometto*, Mailand 2007.
Lo Jacono, Claudio: *Maometto. L'inviato di Dio*, Rom 1995.
Meier, Fritz: *Bemerkungen zur Mohammedverehrung. Teil I: Die Segenssprechung über Mohammed*, hg. von B. Radtke u. G. Schubert, Leiden 2002.
Miehl, Melanie: *Muhammad*, Gütersloh 2000.
Motzki, Harald (Hg.): *The Biography of Muḥammad. The Issue of the Sources*, Leiden 2000.
Nagel, Tilman: *Mohammed. Leben und Legende*, München 2008.
Nevo, Yehuda D. / Koren, Judith: *Crossroads to Islam. The Origins of the Arab Religion and the Arab State*, Amherst 2003.
Newby, Gordon D.: *The Making of the Last Prophet. A Reconstruction of the Earliest Biography of Muhammad*, Columbia 1989.

Nöldeke, Theodor: *Das Leben Muhammed's. Nach den Quellen populär dargestellt*, Hannover 1863.
Nöldeke, Theodor: »Die Tradition über das Leben Muhammeds«, in: Der Islam 5 (1914), S. 160-170.
Paret, Rudi: »Der Koran als Geschichtsquelle«, in: Der Islam 37 (1961), S. 24-42.
Peters, Francis E.: *Muhammad and the Origins of Islam*, Albany 1994.
Rodinson, Maxime: *Mahomet*, Paris [4]1994 (Ü: *Mohammed*, Luzern, Frankfurt/M. 1975, öfters nachgedruckt).
Rodinson, Maxime: »A Critical Survey of Modern Studies on Muhammad«, in: Ders.: *Studies on Islam*, hg. von M. Swartz, Oxford, New York 1981, S. 23-85.
Royster, James E.: *The Meaning of Muḥammad for Muslims. A Phenomenological Study of Recurrent Images of the Prophet*, Diss. Hartford 1970.
Rubin, Uri: *The Eye of the Beholder. The Life of Muḥammad as Viewed by the Early Muslims*, Princeton 1995.
Schoeler, Gregor: *Charakter und Authentie der muslimischen Überlieferung über das Leben Muhammeds*, Berlin, New York 1996.
Schöller, Marco: *Exegetisches Denken und Prophetenbiographie. Eine quellenkritische Analyse der Sīra-Überlieferung zu Muḥammads Konflikt mit den Juden*, Wiesbaden 1998.
Stein, Siegfried: *Die Ungläubigen in der mittelhochdeutschen Literatur*, Diss. Heidelberg 1933 (ND Darmstadt 1963).
at-Tirmiḏī, Abū ʿĪsā Muḥammad: *Šamā'il an-nabī (aš-Šamā'il al-Muḥammadīya wa-l-ḫaṣā'il al-Muṣṭafawīya)*, hg. von Muḥammad ʿA. al-Ḫālidī, Beirut 1996.
Tolan, John V. (Hg.): *Medieval Christian Perceptions of Islam. A Book of Essays*, London 2000.
Tolan, John V.: *Saracens: Islam in the Medieval European Imagination*, New York 2002.
Wansbrough, John: *The Sectarian Milieu. Content and Composition of Islamic Salvation History*, Oxford 1978.
Watt, W. Montgomery: *Muḥammad's Mecca. History in the Qur'ān*, Edinburgh 1988.
Wellhausen, Julius: *Reste arabischen Heidentums. Gesammelt und erläutert*, Berlin [2]1897.
Wensinck, Arent J.: *Muḥammad and the Jews of Medina*, übers. von W. H. Behn, Berlin [2]1982.
Wild, Stefan: *Mensch, Prophet und Gott im Koran*, Münster 2001.

Sonstige zitierte Literatur

Boulainvilliers, Henri de: *La vie de Mahomed* [...]. *Seconde Édition*, Amsterdam 1731.

Constant, L.: *Bilder und Skizzen aus Algier* [...]. *Gesammelt während eines mehrjährigen Aufenthalts an der Küste von Nord-Afrika*, Berlin 1844.

Cook, Michael: *Early Muslim Dogma. A source-critical study*, Cambridge 1981.

Dawkins, Richard: *The God Delusion*, London 2006 (Ü: *Der Gotteswahn*, Berlin 2007).

Döllinger, Johann J.: *Muhammed's Religion nach ihrer inneren Entwicklung* [...]. *Eine kritische Betrachtung*, München 1838.

al-Ḥakīm, Taufīq: *Muḥammad*, Kairo 1952 [1936] (Ü: *Muhammad* [engl.], Kairo 1985).

Hegel, Georg W. F.: *Vorlesungen über die Philosophie der Geschichte*, Frankfurt/M. 1986 (Werke, Band 12).

Horten, Max: *Die Philosophie des Islam in ihren Beziehungen zu den philosophischen Weltanschauungen des westlichen Orients*, München 1924 (ND Nendeln 1973).

Ibn ʿUlwān, Aḥmad: *al-Mahraǧān*, hg. von ʿAbd al-ʿAzīz S. al-Manṣūb, Beirut 1995.

Kant, Immanuel: *Werkausgabe II: Vorkritische Schriften bis 1768 2*, hg. v. W. Weischedel, Frankfurt/M. 1977.

Kremer, Alfred von: *Geschichte der herrschenden Ideen des Islams*, Leipzig 1868 (ND Hildesheim ²1961).

Lamartine, Alphonse de: *Histoire de la Turquie*, Band I, Paris 1854.

Le Blanc, Vincent: *Les voyages fameux du sieur Vincent le Blanc Marsellois* [...]. *Le tout recueilly de ses memoires par le sieur Coulon*, Paris 1648.

Montesquieu: *De l'Esprit des lois*, hg. von L. Versini, Band II, Paris 1995.

Newcomb, Harvey: *The False Prophet, or, an Account of the Rise and Progress of the Mohammedan Religion* [...]. *Second Edition*, Boston 1844.

Nietzsche, Friedrich: *Nachgelassene Fragmente 1875-1879*, hg. von G. Colli u. M. Montinari, München ²1988 (Kritische Studienausgabe, Band 8).

Nikolaus von Kues: *Sichtung des Korans* (*Cribratio Alcorani*), hg. und übers. von L. Hagemann, R. Glei, 3 Bände, Hamburg 1989.

Perkins, James H.: *Historical Sketches*, Boston, Cincinnati 1851 (The Memoir and Writings of James H. Perkins, Band II).

Prideaux, Humphrey: *The True Nature of Imposture Fully Display'd in the Life of Mahomet* [...]. *The Third Edition Corrected*, London 1698.
Prutz, Hans: *Kulturgeschichte der Kreuzzüge*, Berlin 1883 (ND Hildesheim 1964).
Renan, Ernest: *Études d'histoire religieuse*, Paris ^{6}1863.
Rudolf, Kronprinz von Österreich: *Eine Orientreise vom Jahre 1881* [...], *illustrirt mit Holzschnitten nach Original-Zeichnungen von Franz von Pausinger*, Wien 1885.
Schimmel, Annemarie: *Das islamische Jahr. Zeiten und Feste*, München 2001.
Spengler, Oswald: *Der Untergang des Abendlandes. Umrisse einer Morphologie der Weltgeschichte*, München 1986 (Text der Ausgabe von 1923).
Voltaire: *Essai sur les mœurs et l'esprit des nations*, Band I, Paris 1829 (Œuvres de Voltaire, Band XV).
Voltaire: *Voltaire – Friedrich der Große: Briefwechsel*, hg. und übers. von H. Pleschinski, München 1994.

Bildnachweis

Bayerische Staatsbibliothek, München: 36 (Cod. Arab. 2642, fol. 12). Corbis, Düsseldorf: 3 (Kazuyoshi Nomachi), 20 (Kazuyoshi Nomachi), 31 (Kazuyoshi Nomachi), 46 (George Steinmetz), 59 (Kazuyoshi Nomachi). Agentur Focus, Hamburg: 113 rechts (R & S Michaud)
Bernardino Mezzanotte, Mailand: 7. Picture Alliance, Frankfurt am Main: 104 (dpa/dpaweb). Royal Museum of Central Africa, Tervuren: 38 (© JC Cherot), 42. Erwin M. Ruprechtsberger, Enns: 29. Scala Archives, Florenz: 132. Universitätsbibliothek Leipzig: 73 (Ms. Vollers Nr. 325).
Die übrigen Abbildungen stammen aus den Archiven des Autors und des Suhrkamp Verlags.
Leider konnten nicht alle Bildurheber ermittelt werden. Wir bitten um Mitteilung an den Verlag.
Umschlagabbildung: Ullstein Bild/GRANGER: Mohammed und der Erzengel Gabriel

Personenregister

Der arabische Artikel sowie die Umschriftzeichen ʿ und ʾ sind bei der alphabetischen Anordnung nicht berücksichtigt. Eine Erläuterung arabischer Namensbestandteile (»Banū«, »Ibn« usw.) findet sich auf S. 147.

Verweise auf den Koran finden sich auf den folgenden Seiten:

Danksagung

Für die gute Zusammenarbeit während der Entstehung des Buches möchte ich Julia Ketterer und Josef Jeschke danken.

Den StudentInnen, die in den letzten Jahren meine Veranstaltungen besucht haben, danke ich für ihre Anregungen und Fragen, die mich immer wieder bewogen haben, neu über die Bedeutung Mohammeds für die islamische Selbstsicht nachzudenken.